聖教ワイド文庫――033

希望の明日《あす》へ［上］

池田名誉会長スピーチ珠玉集

聖教新聞社

文庫版発刊にあたって

「希望の明日《あす》へ――池田名誉会長スピーチ珠玉集」は、名誉会長のスピーチをもとに集大成《しゅうたいせい》したもの。平成七年六月に単行本として発刊され、以来、好評《こうひょう》を博《はく》してきた。このほど、著者の諒承《りょうしょう》を得《え》て、一部内容を整理し、聖教ワイド文庫の中に収録することとなった。三巻に分けて、順次《じゅんじ》、発刊される。

本文庫《ぶんこ》（全三巻）は、「第一部　創価の光源《こうげん》」「第二部　人生の指標《しひょう》」「第三部　社会の英知《えいち》」で構成《こうせい》。それぞれが数章に分かれ、信仰の基本など約一千八百項目の指針《ししん》が収《おさ》められている。一人でも多くの人にとって、この珠玉の言々句々《げんげんくく》が、人生、日々の行動の糧《かて》となり、希望の明日を大きく開く一助《いちじょ》となることを念願したい。

平成十九年十一月

――編集部

目次

一、本書は、単行本『希望の明日へ――池田名誉会長スピーチ珠玉集』の中から、第一部の第六章までを[上]として収録しました。巻末に、参考資料として中・下巻の収録予定を収めました。

一、御書の引用については、『新編　日蓮大聖人御書全集』（創価学会版）により、（御書○○㌻）と表記しました。

一、法華経の引用は、『妙法蓮華経並開結』（創価学会版）により、（法華経○○㌻）と表記しました。

一、仏教用語の読み方は、「仏教哲学大辞典」（第三版）を参考にしました。

一、本文中、各項目の文末に表記した年月日については、スピーチの年月日を記しました。また、雑誌については、書名および掲載年月号を記しました。

第一部　創価の光源

第一章　創価学会・ＳＧＩ

使命

学会は、エゴとエゴがぶつかりあう人間不信の現代にあって、〝ヒューマニズムの灯台《とうだい》〟〝生命の灯台〟として、人々の心に希望の明《あ》かりをともしている。その意味で、まことに深い文明論的意義《いぎ》をもった存在ともいえよう。ともあれ、自《じ》行化他《ぎょうけた》に励《はげ》み、広布をめざす学会の活動に参加できることが、どれほどすばらしいことであるか。また、どれだけ御仏意《ごぶつい》にかなったことであるか。その大切な意義を深く胸《むね》に刻《きざ》み、いちだんと意気軒昂《いきけんこう》

に広布の実践《じっせん》に励んでいきたい。

——昭62・10・11

＊

学会は、大聖人の仏法を信奉《しんぽう》し、各人の成仏《じょうぶつ》と仏国土《ぶっこくど》の建設、つまり広宣流布の実現のために誕生《たんじょう》した団体である。それは牧口先生と戸田先生によって創設《そうせつ》されたが、広宣流布のため、仏意仏勅《ぶついぶっちょく》の実現のため、時を得《え》て出現《しゅつげん》したのである。決して簡単《かんたん》に考えるべきものではない。

戸田先生は、昭和三十年、関西の第一回堺《さかい》支部総会の席上、「百年の大計《たいけい》、いな何千年の平和の大計をたて、もって日蓮大聖人様の御恩《ごおん》に報《ほう》ずるとともに、民衆

万年の幸福を確立《かくりつ》することが、創価学会の使命である」と述べられている。私どもはこの指導のごとく学会創立の意義《いぎ》に思いを深くし、どこまでも地涌《じゆ》の勇者《ゆうしゃ》として自《みずか》らの使命に邁進《まいしん》したい。

――昭62・11・18

＊

学会員のなかには、あまりに自分たちの身近《みぢか》なところにあるためか、仏法の卓《たく》越《えつ》さや学会のすばらしさがわからなかったり、見失《みうしな》ってしまう人がいるかもしれない。しかし、他の世界にあって、行《ゆ》き詰《づ》まった自分たちの社会や運動に、何《なん》らかの活路《かつろ》を見いだしたいと悩《なや》み、願《ねが》っている人たちにとっては、仏法や学会のすばらしさが、よく理解できるに違《ちが》いない。私どもには世界第一の仏法がある。その仏法を奉《ほう》じて世界の平和と人類の幸福のために行動している学会は、世界最高の思想団体であり、実践《じっせん》の教団《きょうだん》なのである。そのことを深く確信し、また誇《ほこ》りともして、広宣流布という尊《とうと》い目的と使命を果《は》たしゆくために、悠々《ゆうゆう》と進んでほしい。

――昭63・11・24

＊

「不幸な人を救《すく》っていこう」――これこそ、私どもの使命であり、信心の目的である。名誉や地位を得《え》ることでもない。財宝《ざいほう》や権威《けんい》で身《み》を飾《かざ》ることでもない。苦悩《くのう》の人々を救い、世界から「不幸」と「悲惨《ひさん》」の二字をなくす広布の法戦《ほうせん》を貫《つらぬ》き通すことが、学会の永遠《えいえん》の精神である。

——昭63・11・30

＊

戸田先生はかつて、〝楽土《らくど》日本を現出《げんしゅつ》させよう〟〝地上から悲惨《ひさん》の二字をなくしたい〟と言われた。それは、当時の青年に託《たく》された悲願《ひがん》でもあった。そして、広布の進展《しんてん》に符節《ふせつ》を合わせるかのように、日本の繁栄《はんえい》が進んだことも事実である。仏法の因果論《いんがろん》でこの事実をとらえるとき、妙法の偉大《いだい》さと学会の活動のすばらしさを痛感《つうかん》せざるをえない。そして、何よりも皆さま方の今日のお姿《すがた》こそ、その証明《しょうめい》である。将来《しょうらい》の日本も、また世界も、その原理はまったく同じであることを深く確信していただきたい。

——昭63・12・17

＊

ＳＧＩ（創価学会インタナショナル）は、世界の心ある人々が希求《ききゅう》してやまない「精神の力《ちから》」「精神の滋養《じよう》」「精神の糧《かて》」を人類に送りゆく、世界の〝希望の存在〟なのである。どうか一人《ひとり》一人が、この尊《とうと》い大事業の担《にな》い手《て》として、かぎりない誇《ほこ》りを胸《むね》に、勇《いさ》んで社会貢献《こうけん》の道を進んでまいりたい。

――平1・10・4

＊

創価学会は、この世でもっとも尊《とうと》い「広宣流布の団体」である。大道心《だいどうしん》みなぎる金剛《こんごう》（ダイヤモンド）の宝《たから》の世界である。絶対に壊《こわ》されてはならない。乱《みだ》されてもならない。また何ものも恐《おそ》れぬ「信心」あるかぎり、創価学会は、永遠《えいえん》に不滅《ふめつ》であり、永遠に発展していくに違《ちが》いない。そのためには三類《さんるい》の強敵《ごうてき》と戦うことである。三障四魔《さんしょうしま》を打《う》ち破《やぶ》っていくことである。その大闘争心《だいとうそうしん》ゆえに、現在の世界的な学会ができあがったのである。

――平2・7・14

＊

世界は、何も価値《かち》を生み出さない「反対のための反対」や、不毛《ふもう》な「対立」の時代を終え、「現実に何ができるか」「どの点で協力し、価値創造《そうぞう》できるか」が問われる〝建設の時代〟に入った。その先《せん》駆《く》が「創価（価値創造）」の実践《じっせん》である。

――平2・8・24

＊

大聖人が「立正安国《りっしょうあんこく》」と仰《おお》せのごとく、世界の平和は、正法《しょうほう》を根本《こんぽん》としなければならないのは当然である。そのうえで、平和・文化運動を、どう進めていくか、これが大事になってくる。「平和」は仏法の根本思想でもある。そして平和は人類共通の願《ねが》いである。また、「文化」は、人間精神の豊かな営《いとな》みから生み出されたものである。それぞれの時代、それぞれの社会や人々の生活の基盤《きばん》をなすものといってよい。その意味で、仏法を基調《きちょう》として、平和・文化運動を推進《すいしん》していくことは、正法の精神にのっとったものであり、仏法者としての大きな責務《せきむ》である。

――平2・11・16

＊

信仰の一つの意義《いぎ》も〝ちりあくたに覆《おお》われ、眠《ねむ》っている人間の美しい心を呼《よ》び覚《さ》ます〟（聖教新聞紙上で俳優の森繁久彌氏が語《かた》った趣旨《しゅし》）ところにあるといってよい。つまり、人間の内面《ないめん》の宝《たから》、内《うち》なる可能性を呼び覚まし開花《かいか》させていく――それが正法《しょうほう》の力《ちから》である。創価学会は、その正法の扉《とびら》を、民衆に大きく開いてきた。祈り、語り、走り、知恵《ちえ》をしぼり、真心《まごころ》を込《こ》めて、理解と納得《なっとく》の輪《わ》を広げてきた。人々の心を覆った、さまざまな〝ちりあくた〟と戦いながら、無上《むじょう》の「幸福の軌道《きどう》」へと呼び覚ましてきた。それが私どもの誇《ほこ》りある歴史であったし、未来もまた同じである。――平3・1・6

＊

仏《ほとけ》のことを「覚者《かくしゃ》」という。「目覚《めざ》めたる人」という意味である。ここに象徴《しょうちょう》されるように、仏教は人間を賢明《けんめい》にし、知恵者《ちえしゃ》とすることをめざしている。世界には、人間を盲目《もうもく》にし、無知《むち》にとどめ、権威《けんい》の奴隷《どれい》にしようとする宗教もある。しかし、仏教は根本的《こんぽんてき》に異《こと》なっている。なかでも日蓮大聖人の仏法は、いっさいの民衆に成仏《じょうぶつ》、すなわち「目覚めたる人」となる方途《ほうと》を教えられた大法《だいほう》である。創価学会は、こうした仏教本来《ほんらい》の精神を実践《じっせん》し、世界に示していかねばならない。

——平3・1・18

＊

「真実」に生きる。「民衆の心」に生きる。これが学会の強さである。だからこそ、かつてない「世界広宣流布」〈閻《えん》浮提内広令流布《ぶだいないこうりょうるふ》＝閻浮提の内《うち》に広く流布せしめん〉の大潮流《だいちょうりゅう》が広がってきたのである。
また、ひたすらに「真実」の道を歩《あゆ》んできたからこそ、学会は数々の弾圧《だんあつ》にも微《び》動《どう》だにしなかった。これだけの圧迫《あっぱく》、攻《こう》撃《げき》である。微塵《みじん》も裏表《うらおもて》があれば、それに耐《た》えられるはずがない。とっくに崩壊《ほうかい》していたに違《ちが》いない。こざかしい欺瞞《ぎまん》など、すべて賢明《けんめい》な民衆によって見破《みやぶ》られる。また歴史によって裁《さば》かれるだろう。

——平3・1・23

＊

「顕仏未来記《けんぶつみらいき》」に、大聖人は仰《おお》せである。「此《こ》の人は守護《しゅご》の力《ちから》を得《え》て本門《ほんもん》の本尊・妙法蓮華経の五字を以《もっ》て閻浮提《えんぶだい》に広宣流布せしめんか」（御書五〇七ページ）——この人（日蓮大聖人）は、（諸天善神《しょてんぜんじん》ならびに地涌《じゆ》の菩薩《ぼさつ》等の）守護の力を得て、本門の本尊、妙法五字を全世界に広宣流布せしめるであろう——と。この通りの実践《じっせん》を、SGIは成《な》してきた。世界の学会員の誉《ほま》れは永遠《えいえん》である。そして、これからが、いよいよ本格的に〝太陽が昇《のぼ》る〟時である。世界の民衆のために、民衆とともに、民衆の手によって、断《だん》じて真の「平和」と「幸福」を勝ち取らねばならない。

——平3・2・3

＊

「人間」として、だれが尊貴《そんき》なのか。偉《えら》いのか、富《と》んでいるのか。仏法上、だれが、位《くらい》が高く、尊敬《そんけい》されるべきなのか。それは、何があろうとも、「ただ御本仏（日蓮大聖人）の仰《おお》せのままに」と、「正法《しょうほう》広宣流布」に進む人である。あらゆる難《なん》を一身《いっしん》に受けながら、「御本仏の使《つか》い」としての使命に生きる人である。学会員の「最尊《さいそん》」「最高」の誉《ほま》れを確信していただきたい。

——平3・4・10

＊

「広宣流布大願成就《だいがんじょうじゅ》」とお認《したた》めの御本尊を賜《たまわ》ったのは、「創価学会」のみである。「広宣流布」は、御本仏・日蓮大聖人の御遺命《ごゆいめい》である。大聖人の仏法の根本《こんぽん》となる「大願」である。ゆえに創価学会は、この広布という大願を絶対に成就《じょうじゅ》せねばならない。それが学会出現《しゅつげん》の〝因《いん》縁《ねん》〟であり、未来への前進の〝原点〟である。

——平3・5・19

＊

人生も、広宣流布も、ある意味で変化につぐ変化、波瀾《はらん》につぐ波瀾の連続といってよい。自分を見失《みうしな》いそうになった時、人生の〝十字路《じゅうじろ》〟で迷《まよ》った時に、帰るべき〝原点〟をもった人は強い。ふるさとを忘れぬ人は強い。御本尊を根本《こんぽん》に、大聖人の仰《おお》せを根本に、つねに自身を「成仏《じょうぶつ》」への根本軌道《きどう》、「幸福」への根本軌道へと立ち返らせ、新しい出発、新しい前進へ向かわせていく原点、原動力。これが、妙法である。また、創価学会であり、〝同志の世界〟である。

——平3・5・25

＊

大聖人は「世界広宣流布」を門下《もんか》に命《めい》じられた。そこにこそ大聖人門下の使命がある。その仰《おお》せ通り、「世界広宣流布」を現実のものにしてきたのはだれか。創価学会である。殉教《じゅんきょう》の牧口先生、死《し》身弘《しんぐ》法《ほう》の戸田先生――学会の歴史は、大聖人の教えをそのまま実践《じっせん》してきた誉《ほま》れの歴史である。ゆえに三類《さんるい》の強敵《ごうてき》も多い。その仏法破《は》壊《かい》の敵と戦うゆえに、大聖人のおほめもある。大変なときほど、信心を強め、偉大《いだい》な福運《ふくうん》を積《つ》むチャンスなのである。善《ぜん》は、悪《あく》と戦うからこそ善である。極悪《ごくあく》と戦う人は極善《ごくぜん》の大境涯《だいきょうがい》の人となる。

――平3・7・20

＊

学会員は決して、「民衆の幸福」という根本《こんぽん》目的を忘れてはならない。ここに仏法の本意《ほんい》がある。しかし、既成《きせい》仏教も含《ふく》め、多くの宗教はこの本来《ほんらい》の目的への真摯《しんし》な努力を放棄《ほうき》し、財産を蓄《たくわ》えながら、かえって宗教的権威《けんい》のもとに民衆を奴隷化《どれいか》しようとする傾向《けいこう》がある。この本《ほん》末転倒《まってんとう》を正《ただ》し、真の〝民衆のための宗教〟の時代を築《きず》きゆく「宗教革命」が、七百年前、日蓮大聖人が敢然《かんぜん》と始められた「広宣流布」の戦いである。ここに創価学会の誉《ほま》れの使命がある。――平3・7・26

＊

創価学会は、妙法を、世界に広宣流布している。日蓮大聖人の御《ご》聖訓《せいくん》どおりに、まっすぐに歩《あゆ》んでいる。いわば、最《さい》極《ごく》の哲理《てつり》を抱《いだ》いた〝最極の人間性の世界〟〝最極の知恵《ちえ》の世界〟なのである。この学会とともに、生きぬいていくとき、無《む》限《げん》の力《ちから》がわいてくる。無限の希望がわいてくる。無限の勇気がわいてくる。

――平3・7・28

＊

悪《あく》を放置《ほうち》するようなお人よしであってはならない。傲《おご》りに傲る権威《けんい》・権力に盲《もう》従《じゅう》するような時代は完全に終わらせねばならない。今は、民衆をしばっていた鉄《てっ》鎖《さ》の迷妄《めいもう》を、民衆自身の手で打《う》ち破《やぶ》っていく〝民主の時代〟である。大聖人の〝民衆の仏法〟を持った学会員こそ、この時代の先頭に立って進む使命と資格《しかく》がある。

――平3・9・8

＊

青年が理知《りち》を鍛《きた》えるかぎり、文明は〝逆行《ぎゃっこう》〟しないのである。また逆行させるようでは、青年でもなく、教育でもない。SGIは仏法を基調《きちょう》に、教育、文化、平和の運動を進め、人々に普遍《ふへん》の光《ひかり》を送っている。このSGIの運動の正しさを、確信していただきたい。世界は真の「民主」と「人権」の時代へと進んでいる。この流れを、絶対に逆行させてはならない。

――平3・9・27

＊

SGIは、人類の幸福のために、一貫《いっかん》して「平和」「教育」「文化」の世界的な運動を展開してきた。そのネットワークは、今や地球的な規模《きぼ》にまで広がっている。一宗一派《いっしゅういっぱ》ではない。世界を視野《しや》に、全人類をつつみゆくのが、大聖人の一閻《いちえん》浮提《ぶだい》の仏法である。いわば「地球仏法」「人類仏法」――その真価《しんか》を発揮《はっき》すべき時代である。今〝新しい出発〟を迎《むか》えた学会こそ、〝新しい世界〟へと人類をリードできる存在である。

――平4・5・12

＊

大聖人の仏法は、大乗《だいじょう》の真髄《しんずい》である。学会員は「大乗の菩薩《ぼさつ》」であり、「地涌《じゆ》の菩薩」である。「人を幸福にする」のが使命である。そのために生まれた。そのために戦っている。人を救《すく》う「化他《けた》」の修行《しゅぎょう》を、学会ほど不惜身命《ふしゃくしんみょう》でやってきたところは絶対にない。これが学会の名誉ある伝統である。

――平4・9・12

＊

妙法の「妙」の一字には〝開《かい》〟〝具《ぐ》〟〝蘇《そ》生《せい》〟の三義《さんぎ》が備《そな》わっている。その第一に「開」は「開く」と仰《おお》せのように、SG

Ｉの進めている仏法運動は、文明の深部《しんぶ》に巣《す》くう病《やまい》である「閉《と》じた心」「閉じた魂《たましい》」の扉《とびら》をこじあけて、開放《かいほう》と共感の風を送り込《こ》み、東に西に、北に南に、縦《じゅう》横《おう》に、そしてまた存分《ぞんぶん》に対話の回路《かいろ》をめぐらせていくという、優《すぐ》れて文明史的意《い》義《ぎ》をはらんでいるということを、強く自《じ》覚《かく》していきたい。

――平5・1・26

＊

ＳＧＩには、社会を健康に機能《きのう》させる〝心臓《しんぞう》〟の使命がある。ゆえにＳＧＩを大切にすることは、文化・政治・経済、その他、あらゆる分野に、健康な人間主義の血液《けつえき》を送り、栄養《えいよう》を与えることになる。

――平5・1・28

＊

ＳＧＩは、日蓮大聖人直結《ちょっけつ》の唯一《ゆいいつ》の教《きょう》団《だん》である。仏勅《ぶっちょく》の行動を重《かさ》ねる、不思議《ふしぎ》な地涌《じゆ》の団体である。この功徳充満《くどくじゅうまん》の広布の組織に連《つら》なり、ともに進んでいくところに、時にかなった、正しい信心の心がつながっていく。その心によって、「所願満足《しょがんまんぞく》」という、幸福の実像《じつぞう》が鮮《あざ》やかに人生のスクリーンに描《えが》かれていくのである。

――平5・1・31

歴　史

現代は、あらゆる意味で多様化《たようか》し、複《ふく》雑《ざつ》化した社会といってよい。ゆえに、一つ一つの事象《じしょう》や命題《めいだい》をあらゆる角度から考え、深く洞察《どうさつ》しぬいていくことが、きわめて重要である。ものごとに対する単《たん》純《じゅん》で一面的なとらえ方では、現代の多くの人々を納得《なっとく》させ、包含《ほうがん》していくことはできない。それでは、万年にわたる広宣流布への確実な軌道《きどう》を築《きず》いていくことは不可能である。これまでも学会は、仏法の原則を堅持《けんじ》しつつ、あらゆることに柔《じゅう》軟《なん》に対応《たいおう》しながら、多面的な力強《ちからづよ》い活動を推進《すいしん》してきた。しなやかな判断力《はんだんりょく》と強《きょう》靱《じん》なる実践力《じっせんりょく》——これが、学会の飛翔《ひしょう》を支《ささ》えた両翼《りょうよく》となり、原動力となってきたのである。

——昭61・8・2

*

妙法の同志（学会員）は、華々《はなばな》しく賞《しょう》讃《さん》され、顕彰《けんしょう》されたことなど、一度もなかった。それどころか、ときには罵倒《ばとう》され、迫害《はくがい》されて、言葉に尽《つ》くせぬ苦衷《くちゅう》を味《あじ》わったこともあったに違《ちが》いない。しかし草創《そうそう》の先輩たちは、数々の困難《こんなん》に屈《くっ》せず、自転車をこぎ、友を励《はげ》まし、ドロまみれになって前進してきた。その血のにじむような精進《しょうじん》と尽力《じんりょく》があったからこそ、今日の輝《かがや》かしい広布の繁栄《はんえい》が築《きず》かれたのである。その名もなき〝誉《ほま》れの先駆《せんく》者《しゃ》〟の方々の功績《こうせき》を、決して忘れてはならない。

――昭63・3・23

*

清浄《せいじょう》な正法正義《しょうほうしょうぎ》の世界を絶対に濁《にご》らせてはならない。濁れば、そこから魔《ま》の眷《けん》属《ぞく》がはびこり、堕地獄《だじごく》の因《いん》をつくってしまう。牧口先生も、戸田先生も、邪悪《じゃあく》とは徹底して戦われたし、信心には厳格《げんかく》な指導をされてきた。私もまた、恩師《おんし》の歩《あゆ》んだ厳《きび》しき信心の道を一分《いちぶん》も違《たが》えることなく進んできたつもりである。ゆえに、世界に冠《かん》たる創価学会が築《きず》かれたのである。今日の学会の発展は、私どもの信心、指導、歩んできた道が、絶対に間違《まちが》いのなかったことの証左《しょうさ》にほかならない。

――昭63・9・17

*

軍国主義と戦われた牧口・戸田先生の入獄《にゅうごく》は、当時、大変なショックであった。人々には、その尊《とうと》い本質《ほんしつ》などわからない。〝国法〟を犯《おか》した、ただの「犯罪者《はんざいしゃ》」にしか見えなかったのであろう。しかし、今では広宣流布への学会の不滅《ふめつ》の原点となっている。

――平1・7・27

＊

創価学会は創立以来、大聖人、日興上《にっこうしょう》人《にん》の御《ご》精神《せいしん》のままに行動してきた。ただひたすら「大法弘通《だいほうぐつう》・慈折《じしゃく》広布」の大誓《だいせい》願《がん》に殉《じゅん》じてきた。初代会長牧口先生は、牢獄《ろうごく》で殉教《じゅんきょう》。第二代会長戸田先生も入《にゅう》獄《ごく》。三代の私も、これまでさまざまな難《なん》を一身《いっしん》に受けきってきた。そのなかで、大聖人、日興上人の誉《ほま》れの門下《もんか》として、一歩も退《ひ》くことなく戦ってきた。そして今、日興上人が仰《おお》せの「妙法真実の正義」を、私どもは満天下《まんてんか》に堂々と示してい る。御書に照《て》らし、日興上人の仰せに照らして、少しの狂《くる》いもない、正しき行動であったがゆえに、創価学会は大発展を遂《と》げ、仏法大興隆《だいこうりゅう》の歴史を築《きず》いてきたのである。

——平2・7・21

＊

学会は、どこまでも「人間中心」「会員中心」を貫《つらぬ》いてきた。ここに、みずみずしい発展の因《いん》がある。学者のなかにも、鋭《するど》く、この一点を見ている人がいる。幹部だから、リーダーだからといって、決して権威化《けんいか》することを許《ゆる》さない。特権階級《とっけんかいきゅう》になることを許さない。むしろ立場が上になるほど、仏子《ぶっし》に、より奉仕《ほうし》することを徹底してきた。また社会と遊《ゆう》離《り》することなく、溶《と》け込《こ》みながら一体で進んできた。ここが他の団体と異《こと》なる点である。〝永遠《えいえん》に会員を守り、幸福にしきっていく〟。この思想を非常に強く今日までもってきた。ゆえに発展したのである。決して偶然《ぐうぜん》ではないし、決して簡《かん》単《たん》なことでもなかった。この精神を貫くかぎり、学会は将来《しょうらい》も伸びていくであろう。

――平2・7・21

*

学会の歴史は、権力とも財力《ざいりょく》とも無縁《むえん》の平凡《へいぼん》な庶民《しょみん》たちが、清《きよ》らかな信心で築《きず》いてきたものである。これほど崇高《すうこう》な使命の輝《かがや》きをもった団体、美しい心の世界はない。妙法を根本《こんぽん》に、これほど人間を信じ、人間をつくり、人間を大切にし、そして人間を本当の意味で高貴《こうき》にしている世界は、他のどこにもない。

――平2・8・5

*

広宣流布の遠征《えんせい》は、全人類を平和と文化の心で結《むす》び、永遠《えいえん》にわたる幸福の橋を架《か》けゆく大偉業《だいいぎょう》である。その意義《いぎ》の大きさ、福徳《ふくとく》はかぎりない。その遠征の途上《とじょう》、人々のために祈り、行動した足跡《そくせき》は、たとえ目には見えなくとも、生命に確《たし》かに刻《きざ》まれていく。また、何《なん》らかのかたちで証明《しょうめい》されていくものである。そして、その価値《かち》は、時がたつほど光《ひかり》を放《はな》ち、社会に、世界に輝《かがや》いていくに違《ちが》いない。

――平2・10・22

＊

創価学会は、在家《ざいけ》の身《み》でありながら、ありとあらゆる法難《ほうなん》の矢面《やおもて》に立ち、ありとあらゆる攻撃《こうげき》を受けながら、広宣流布の拡大を現実に成《な》し遂《と》げてきた。その厳《げん》然《ぜん》たる事実は、だれ人が何《なん》と言おうと、どんな詭《き》弁《べん》や策謀《さくぼう》を使《つか》おうと、微動《びどう》だにしない。御本仏・日蓮大聖人が最大に讃《さん》嘆《たん》してくださることは間違《まちが》いない。

――平3・7・5

＊

牧口先生が獄中《ごくちゅう》に殉《じゅん》じられたのはなにゆえか。戸田先生が入獄《にゅうごく》され私があらゆる難《なん》を一身《いっしん》に受けてきたのはなにゆえか。いっさいは法のためである。人々の幸福のためである。ただ広宣流布のため、それ以外に何もない――それが学会であり、歴代会長の精神である。その真実の軌跡《きせき》を、大聖人が、御照覧《ごしょうらん》にならないはずはない。

――平3・7・5

＊

何が起《お》ころうとも、すべて御仏意《ごぶつい》ととらえ、妙法に生き切っていく。「仏法は勝負」の一念で、勝ちぬいていく。その不屈《ふくつ》の信心を貫《つらぬ》き、未曾有《みぞう》の広布発展を実現してきたのが、学会の歴史である。

――平3・11・23

*

創価学会は、「価値創造《かちそうぞう》」のその名のごとく、正法《しょうほう》を根本《こんぽん》に、つねに時代の要求に応《おう》じる新鮮《しんせん》な運動をたゆむことなく展開してきた。日蓮大聖人の仏法は、人類のかかえる課題《かだい》を解決し、文明を蘇生《そせい》させるのに十分《じゅうぶん》な、普遍的《ふへんてき》な法理《ほうり》と偉大《いだい》な力《ちから》を備《そな》えた、最高の世界宗教である。

――平4・1・26

*

大聖人が「恩《おん》ある人」「陰《かげ》の人」をどれほど大切にしておられたか。その「功労《こうろう》」にどれほど感謝され、ほめたたえておられたことか――。大聖人の御振《おふ》る舞《ま》いを忘れてはならない。学会は、大聖人の御心を拝《はい》し、学会員を「仏《ほとけ》」のごとく大切にしてきたゆえに、世界の学会として栄《さか》えたのである。全人類が平等に、同志の心で〝ともに広宣流布を実現しよう！〟と進んできた。大聖人門下《もんか》の仏子《ぶっし》を仏子として心からたたえ、励《はげ》まし合《あ》ってきた。だからこそ、今日の学会がある。

――平4・5・12

*

創価学会の歴史は、数かぎりない「難《なん》

また難の連続」の歴史である。そのことは、だれ人も否定《ひてい》できない〝事実〟である。これこそ、御書を、正しく身読《しんどく》、色《しき》読《どく》してきた証《あかし》である。大聖人直結《ちょっけつ》の紛《まぎ》れもない証明《しょうめい》である。

——平4・5・20

創立の精神

庶民《しょみん》ほど大切なものはない。庶民の幸福こそ究極《きゅうきょく》の目的であり、学会の根本《こんぽん》精神もここにある。戸田先生も名もなき庶民一人《ひとり》一人を愛し、守り、その幸福をいっさいの判断《はんだん》の根幹《こんかん》にしておられた。この戸田先生の精神を今日まで貫《つらぬ》いたゆえに、学会はいっさいの困難《こんなん》を乗《の》り越《こ》えて勝ち、大発展をしたのである。

——昭62・11・2

*

仏法は「現当二世《げんとうにせ》」が、根本《こんぽん》精神である。善《よ》きにせよ悪《あ》しきにせよ、過去にとらわれない。毎日が出発であり、いつも新《あら》たな始まりでなければならない。そこに徹《てっ》するところに、人生も広布の世界も、かぎりなく開けていく。それこそ〝価値《かち》創造《そうぞう》〟という創価の精神の骨髄《こつずい》である。

――昭63・10・19

＊

仏法を基調《きちょう》に世界の舞台《ぶたい》で繰《く》り広《ひろ》げられているＳＧＩの「平和」「文化」「教育」にわたる多彩《たさい》な運動の淵源《えんげん》は、牧口先生の「創価」の〝一歩〟のなかにあったことは間違《まちが》いない。その意味から今度は、お一人《ひとり》お一人が、自《みずか》らの使命の分野で、また使命の国土《こくど》で、新しき「創価」の〝一歩〟を自分らしく刻《きざ》んでいただきたい。

――昭63・11・18

＊

いずこの団体であれ、「創立者」の存在を大切にしている世界には、深く強い精神の脈動《みゃくどう》が通《かよ》い続けていく。「創立者の心」という明快《めいかい》なる基準《きじゅん》があるかぎり、混乱《こんらん》がない。濁《にご》りもない。反対に、創立者を軽《かろ》んじ、その心を忘れた人々や団体は、みずみずしい理想と活力《かつりょく》を失《うしな》い、腐敗《ふはい》し堕落《だらく》していく。創立の心こそ、その団体、運動の原点でもあるからだ。

牧口、戸田両先生の広布への精神を厳然《げんぜん》と受《う》け継《つ》ぎ、世界へ法戦《ほうせん》の歩《あゆ》みを進めてきた。当時では、想像《そうぞう》もできなかった、世界に冠《かん》たる学会の発展は、創立者の心を大切にしてきた私どもの行動が、いかに正しいものであったか、その確《たし》かなる証《あかし》である。

――平1・8・20

＊

学会が、いかに発展しても、広宣流布への真実の精神を失《うしな》っては、何《なん》にもならない。形ではない。中身《なかみ》である。正法《しょうほう》の魂《たましい》である。どこをとっても、みずみずしい学会精神が、強く、清《きよ》らかに流れている。脈打《みゃくう》っている。そうした〝本物《ほんもの》の学会〟を〝本物の同志〟の手で、いよいよ立派《りっぱ》につくりあげ、広げていかねばならない。そして未来永劫《えいごう》に、いっさいの悪《あく》の侵略《しんりゃく》や支配、抑圧《よくあつ》を許《ゆる》してはならない。それらから大聖人の仏法を、また牧口先生、戸田先生の精神を守りぬいていってこそ、真実の学会である。

――平1・9・6

＊

学会は、幹部だから、社会的地位があるから、有名人だからといって、その人に対して変《へん》に従順《じゅうじゅん》になり、何も意見が言えなくなるようではいけない。特別扱《あつか》いの人を絶対につくってはならない。「法」

のために行動し、広布のために働《はたら》く人がもっとも偉《えら》いのである。その人にこそ三《さん》世《ぜ》十方《じっぽう》の仏・菩薩《ぼさつ》、諸天善神《しょてんぜんじん》の讃嘆《さんたん》がある。この、学会の永遠《えいえん》の変わらざる精神を、断《だん》じて忘れてはならない。

――平1・10・12

*

学会は草創《そうそう》以来、文字通り、命《いのち》を削《けず》るような思いで正法正義《しょうほうしょうぎ》を叫《さけ》びきってきた。一歩も退《ひ》かなかった。ゆえに、あらゆる苦難《くなん》を乗《の》り越《こ》え、大勝利の歴史を築《きず》くことができたのである。学会のリーダーが臆《おく》して戦わず、組織の立場に甘《あま》んじ、何事《なにごと》も人まかせであっては、広布の前途《ぜんと》を阻《はば》む障魔《しょうま》を打《う》ち破《やぶ》ることなど決してできない。また、未来へ、世界への大《おお》いなる発展もありえないことを、強く銘《めい》記《き》すべきである。

――平2・3・18

*

妙法で結《むす》ばれた生命の絆《きずな》は三世《さんぜ》永遠《えいえん》である。ゆえに私どもは、永遠の同志としてこの世に生まれ合わせた尊《とうと》い使命を自《じ》覚《かく》し、麗《うるわ》しい団結で進んでまいりたい。恩師《おんし》戸田先生は、晩年《ばんねん》に「悪い種《たね》を撒《ま》き散《ち》らすような人間は、学会から出てもらったほうがよい。学会はよい人のまとまりで進むのだ」と、よく言われていた。清《きよ》らかな信心の絆で結ばれた〝人間共和〃の世界。他のいずこにもない、学会の〃心の世界〃は、だれ人にも壊《こわ》されてはならない。悪《あ》しき心根《こころね》の人を入れてはならないとの、恩師の厳《きび》しい戒《いまし》めであった。

――平2・4・29

＊

無名《むめい》の庶民《しょみん》の真心《まごころ》や、地道な健闘《けんとう》、努力を最大限にたたえ、守っていく――これが仏法の根本《こんぽん》精神であり、学会の伝統精神である。

――平2・5・13

＊

自《みずか》ら死して大法《だいほう》を護《まも》りぬいた牧口先生。その後《あと》を継《つ》ぎ、大法の弘通《ぐつう》に生ききった戸田先生。この「死身弘法《ししんぐほう》」の偉大《いだい》なる師弟《してい》が、創価学会の〃出発点〃である。お二人《ふたり》が示し残《のこ》した〃不惜身命《ふしゃくしんみょう》〃の信心が学会の魂《たましい》であり、御本仏の門下《もんか》としての永遠《えいえん》の誉《ほま》れである。ゆえに牧口先生、戸田先生の〃金剛《こんごう》の信念〃のままに、学会は学会らしく、どこまでも「獅子王《ししおう》」のごとく堂々と、仏勅《ぶっちょく》の実現へ進んでいきたい。

――平3・2・11

＊

大聖人の仏法は、人類の大良薬《だいりようやく》である。だがその正しき実践《じっせん》をあやまれば、反対に、大《おお》いなる毒《どく》として作用《さよう》してしまう場合がある。「にせ札《さつ》は本物《ほんもの》に似《に》ているほど、罪《つみ》が重い」と牧口先生は述べておられた。そうなれば国は滅《ほろ》ぶ。大法《だいほう》も失《うしな》われる。人類は永遠《えいえん》の「闇《やみ》」と「寒さ」にふるえながら生きることになろう。大良薬たる大聖人の仏法の精神を、どこまでも正しく、どこまでも、その仰《おお》せのままに実践《じっせん》していかねばならない。絶対にゆがめてはならない。「信心は日蓮大聖人の時代に還《かえ》れ」――ここに恩師《おんし》の根本《こんぽん》精神があり、永遠の学会精神がある。

――平3・3・16

*

いかなる権力にも屈《くっ》せず、御書通りの信念を貫《つらぬ》く――これこそ牧口先生、戸田先生が開かれた〝創価桜の道〟であり、福徳《ふくとく》咲《さ》き匂《にお》う、「正義の大道《だいどう》」である。

――平3・4・10

*

人間の自由を奪《うば》い、人間を差別《さべつ》し、人間の尊厳《そんげん》を冒《おか》そうとする傲慢《ごうまん》な勢力《せいりょく》は絶対に許《ゆる》してはならない。決して妥協《だきょう》しない――これが学会の一貫《いっかん》した精神である。

――平3・11・29

*

創価学会は、どこまでも「大聖人根《こん》本《ぽん》」「御本尊根本」に進む。この〝正しき信心〟の軌道《きどう》は、永遠《えいえん》に変わらない。

また、学会員の〝無二《むに》の信心〟の実践《じっせん》のなかにこそ、大聖人からの信心の血脈《けつみゃく》が清《きよ》らかに、また滔々《とうとう》と流れている。

——平3・12・15

＊

何よりも思想、理想、理念《りねん》、信念を大切にする。「心の財《たから》」を大事にする。これが創価学会である。

——平4・5・15

＊

牧口先生は自身が信ずる「教育の道」に生きぬかれた。教育こそ基本とされ、その延長線上《えんちょうせんじょう》に、宗教を正しく把握《はあく》された。これが先生の信念の道であった。そして、一九四四年（昭和十九年）、誤《あやま》った教育の帰結《きけつ》として、一国全体が誤った宗教に駆《か》り立《た》てられた太平洋戦争の渦中《かちゅう》、自《みずか》らの信念を貫《つらぬ》き獄死《ごくし》されたのである。

ここに、学会の最高の誇《ほこ》りである「創価の道」の原点がある。この牧口先生の後《あと》を継《つ》いで、今、学会はどこまでも日蓮大聖人の仏法を根底《こんてい》としながら、「教育の道」「文化の道」「平和の道」を世界中に広げている。

——平4・6・2

＊

広宣流布は、創価学会にしかできない。広宣流布のために出現《しゅつげん》し、不思議《ふしぎ》にもできあがった学会である。代々の会長が筆舌《ひつぜつ》に尽《つ》くせぬ苦労と犠牲《ぎせい》で、つくりあげた。名もない庶民《しょみん》が肉弾戦《にくだんせん》で築《きず》きあげた民衆救済《きゅうさい》の城《しろ》である。

——平4・8・16

＊

戸田先生の晩年《ばんねん》の戦い——それは、〝全学会員を、そして全民衆を一人《ひとり》も残《のこ》さず幸《しあわ》せにしてみせる〟という烈々《れつれつ》たる大闘争《だいとうそう》であった。ここに〝学会精神〟がある。〝創立の魂《たましい》〟がある。地位もいらない、名誉も、肩書《かたがき》も私財《しざい》も眼中《がんちゅう》にない。ただ民衆のため、ただみなの幸《しあわ》せのために叫《さけ》びきっていく、戦いぬいていく、命《いのち》をかけて走りぬいていく。これが創価学会の根本《こんぽん》精神であり、戸田先生の人生であった。

——平4・11・14

民衆・庶民

大聖人の御心を深く拝《はい》した戸田先生の人生は、民衆の側《がわ》に立ち、民衆のために戦いぬくことが、生涯《しょうがい》変わらざる信念であり、生きざまであった。この師《し》の「民衆厳護《げんご》」の精神を、私は片時《かたとき》も忘れることはなかった。今日までひたすら、その理想の実現のために、全力で邁進《まいしん》し、力《ちから》を尽《つ》くしてきた。

——昭63・3・23

＊

民衆が犠牲《ぎせい》となる社会であってはならない。民衆が卑《いや》しめられ、脅《おびや》かされ、卑《ひ》屈《くつ》になるような時代であってはならない。社会の主役は、あくまでも民衆である。無名《むめい》の庶民《しょみん》の一人《ひとり》一人が、存分《ぞんぶん》に幸《しあわ》せを満喫《まんきつ》できる世の中でなければならない。そのために、庶民がもっと「力《ちから》」をもたなければならない。強くなければいけないし、悪《あ》しき権力に、絶対に膝《ひざ》を屈してはならない。また、民衆勝利のためにこそ、創価学会がいちだんと社会に根《ね》を張《は》り、共感を広げつつ、力強く前進していくことが大切である。

——昭63・3・23

＊

有名で偉大《いだい》な人はいる。しかし、無名《むめい》にして偉業《いぎょう》を成《な》す人は、さらに偉大である。これが私の不変《ふへん》の信念であり、学会の永遠《えいえん》の指針《ししん》でもある。ここに学会の強さの所以《ゆえん》がある。

——昭63・3・23

＊

人間の九九パーセント以上は、名もなき平凡《へいぼん》な庶民《しょみん》である。民衆である。この民衆を、現実に、どう幸福にしきっていくのか。この一点をはずして仏法はない。大聖人は、権威《けんい》や権力と真《ま》っ向《こう》から対峙《たいじ》しゆく民衆の中に、自《みずか》ら御聖誕《ごせいたん》になられた。この事実自体、〝民衆の仏法〟としての深い意義《いぎ》が拝《はい》される。

——昭63・5・22

＊

どこまでも民衆を愛し、民衆の大地に根《ね》ざしていく——これ以外に正しき広宣流布の大道《だいどう》はない。この大道こそが、大聖人の仰《おお》せである「一閻浮提《いちえんぶだい》の流布《るふ》」へと、まっすぐに通《つう》じている。かつて学会は「貧乏人《びんぼうにん》と病人の集まり」と侮蔑《ぶべつ》された。しかし、じつはそうしたもっとも苦《くる》しんでいる〝庶民《しょみん》のなかの庶民〟の海に飛《と》び込《こ》み、傲慢《ごうまん》な権威《けんい》からの侮蔑を受けきって、民衆とともに走りぬいてきたからこそ、今日の世界的な、壮大《そうだい》な発展がある。

——昭63・7・26

＊

「民衆の時代」のうねりは、各国で着実に広がっている。情報化の進展《しんてん》によって、一面、民衆の意識《いしき》は高まり、大衆《たいしゅう》は聡明《そうめい》になっている。その意味から、民衆の心をとらえ、民意《みんい》を反映《はんえい》していくことのできる指導者が、今ほど希求《ききゅう》されている時代はない。学会は、発足《ほっそく》以来、一貫《いっかん》して「民衆の時代」の先駆《せんく》を走り、進んできた。この伝統は、いよいよ時代の要《よう》請《せい》となっているし、それだけに妙法のリーダーは、いちだんと民衆のために奉仕《ほうし》し、身《み》を尽《つ》くしていくべきである。

――昭63・9・17

＊

傲慢《ごうまん》に、民衆をあざむき、権力をほしいままにする存在は、確《たし》かに悪《あく》である。しかし、そうした存在を許《ゆる》す大衆《たいしゅう》の側《がわ》にも、大きな課題《かだい》がある。民衆の弱さ、愚《ぐ》昧《まい》さのゆえに、権力者が横行《おうこう》し、わが世の春を謳歌《おうか》するような時代が、いつまでも続いてはならない。民衆が団結して、学《まな》びに学び、聡明《そうめい》な一人《ひとり》一人になっていかなければならない。そこにこそ、真に民衆の時代を開くカギがある。

――平1・1・29

＊

いつの時代にあっても、もっとも労苦《ろうく》の作業を成《な》し遂《と》げているのは庶民《しょみん》である。だが、それを指示《しじ》した人の名は顕彰《けんしょう》されても、実際に労作業に汗水《あせみず》流した人々の名を顕彰することは少なかった。その意味からも私は、広宣流布のために戦ってこられた方々の尊《とうと》きお名前を、あらゆる機会《きかい》、方法を通して、後世《こうせい》に残《のこ》し、たたえていきたい。

――平1・2・20

＊

有名な、目立った存在の人のみが偉《えら》いのではない。陰《かげ》で「法」のために真剣に尽《つ》くしている人、その人が尊《とうと》い。偉大《いだい》である。大聖人はつねに、そういう方々を最大に大切にし、また賞讃《しょうさん》しておられる。

――平1・8・20

＊

民衆は弱いようで強い。いざとなれば権力など、ものともしない。怖《お》じない。無名《むめい》の民衆の力《ちから》こそ、革命の真の原動力である。広布という未聞《みもん》の大業《たいぎょう》もまた、無名の庶民《しょみん》によって、たくましく切り開かれてきた。

――平1・10・12

＊

民衆が弱く、権力の前に卑屈《ひくつ》であるかぎり、ますます〝魔《ま》〟は増長《ぞうちょう》し、民衆を利用しようとする。ゆえに、こうした権力悪《あく》、〝魔〟の働《はたら》きに対しては、民衆自身が強い怒《いか》りをもって立ち上がり、戦っていく以外に、真の平和も幸福もない。

——平1・10・15

＊

信仰は、自分自身を屹立《きつりつ》した「魂《たましい》の巨人」へと鍛《きた》え、高めていく実践《じっせん》である。そして民衆と民衆、庶民《しょみん》と庶民の強き心の連帯《れんたい》を広げゆく人間共和の歩《あゆ》みなのである。何よりも尊《とうと》く、大切なのは人間である。民衆である。仏法の意義《いぎ》も、この一点にこそある。ゆえに、一次元からとらえれば、どこまでも民衆に尽《つ》くし、民衆の幸福のために骨身《ほねみ》を削《けず》って戦う人こそ、真の仏法者である。そして、その正《しょう》法正義《ほうしょうぎ》の人には、必《かなら》ず諸天善神《しょてんぜんじん》の加護《かご》がある。だれよりも民衆自身が諸天の力用《りきゆう》そのものとなって、仏法者を守り、支《ささ》えていくのである。ゆえに、尊《とうと》き仏子《ぶっし》を守り、励《はげ》ましていく人には何《なん》の恐《おそ》れもない。

——平2・8・7

＊

時代を開き、動かすものは、権力でも権威《けんい》でもない。民衆の力《ちから》であり、人間の力である。仏法を根本《こんぽん》に、世界の平和と全人類の崩《くず》れざる幸福のために哲学、慈《じ》悲《ひ》、智慧《ちえ》の力を堂々と発揮《はっき》しながら、民衆連帯《れんたい》のうねりをさらに広げてまいりたい。そこにこそ、妙法を持った人間王者としての生き方がある。

――平2・9・5

＊

大聖人は、民衆が根本《こんぽん》であると仰《おお》せである。その教えに反《はん》して民衆を軽蔑《けいべつ》したり、見くだしたりすれば大聖人の御精神《ごせいしん》に、根本的に反する。だれが本当に民衆の味方《みかた》となり、民衆を守りゆくのか――ここに、〝永遠《えいえん》に民衆の側《がわ》に立つ〟との基本路線《ろせん》を掲《かか》げた創価学会の存在意義《いぎ》がある。

――平2・9・18

＊

「一切衆生《いっさいしゅじょう》」と御本仏・日蓮大聖人は仰《おお》せである。今の言葉でいえば〝全民衆〟ということである。その無数の民衆のためにこそ、御本仏は出現《しゅつげん》され、多くの迫《はく》害《がい》を受けてくださった。そして全世界の民衆のために、大御本尊を建立《こんりゅう》してくださった。ゆえに学会は、民衆のために進む。御本仏の大慈悲《だいじひ》を拝《はい》して、民衆とともに歩《あゆ》むことが大切である。

――平2・11・7

＊

民衆は一面、愚《おろ》かに見えることがある

かもしれない。しかし、民衆の本質《ほんしつ》は賢《けん》明《めい》である。大知恵《だいちえ》がある。民衆を大事にし、慈《いつく》しんでいけば、民衆からも必《かなら》ず報《むく》われていく。反対に、民衆を愚弄《ぐろう》し、圧《あっ》迫《ぱく》する指導者は、必ず倒《たお》れる。これは歴史の鉄則《てっそく》である。　――平2・11・14

*

民衆ほど強いものはない。民衆が賢《かしこ》くなり、民衆が立ち上がるとき、何ものにも打ち勝つことができる。いかなる横暴《おうぼう》な圧力《あつりょく》をも、はねのけて、流れを変えることができる。　――平2・12・28

*

創価学会は、庶民《しょみん》をさげすみ、支配し、いじめてきた人間の歴史を逆転《ぎゃくてん》させ、〝庶民〟を〝王〟にする戦いを展開している。ゆえに、さまざまな迫害《はくがい》や中傷《ちゅうしょう》が加《くわ》えられることは、当然である。学会の実践《じっせん》の正しさ、偉大《いだい》さを証明《しょうめい》しているのである。　――平3・6・5

*

民衆の一人《ひとり》一人が、権力というものの魔性《ましょう》を見ぬく力《ちから》をもたなければならない。つまり、一人一人が〝英知の人〟となり、〝信念の人〟と自立していくことである。こうした広範《こうはん》な、また確固《かっこ》たる人間革命の土壌《どじょう》のうえに、社会と国家の変革《へんかく》も、価値《かち》を発揮《はっき》するのである。

――平3・8・2

＊

庶民《しょみん》。弱いように見えて、これほど強い存在はない。〝強者《きょうしゃ》〟が、いかに見くだし、いじめ、苦《くる》しめようと、庶民には、旺盛《おうせい》な生きぬく力《ちから》がある。現実の大地に深く根《ね》をおろした、たくましさがあり、知恵《ちえ》がある。一個の人間としての輝《かがや》きがある。その庶民のただ中に飛《と》び込《こ》み、庶民とともに、自《みずか》らも一個の庶民として歩《あゆ》むところに、学会の強さがある。そして、どこまでも民衆を、守りに守りぬいていく、それが学会精神である。

――平3・8・4

＊

何があっても苦楽《くらく》をともにしゆく、真実の同志愛。この麗《うるわ》しい創価のスクラムこそ、大聖人の御精神《ごせいしん》が脈々《みゃくみゃく》と流れ通《かよ》っている。大聖人の仏法の〝正統中《せいとうちゅう》の正統〟の実証《じっしょう》がある。そこに無量《むりょう》の福徳《ふくとく》が輝《かがや》いていくことを、強く強く確信していただきたい。また、だからこそ、この純真《じゅんしん》で善良《ぜんりょう》な〝民衆の集《つど》い〟を破壊《はかい》しようとする極悪《ごくあく》の勢力《せいりょく》を、絶対に許《ゆる》してはならない。

――平3・12・21

＊

民衆が無知だと、権力者に、いいようにつけこまれる。権力は、相手が弱いと見るや、牙《きば》をむいてくる。その魔性《ましょう》から民衆を守らねばならない。そのために、民衆自身が利口《りこう》になり、強く、賢明《けんめい》にならなければ、永久に不幸の流転《るてん》である。

私が、あらゆる機会《きかい》にスピーチを続けている理由も、ここにある。〝真実を知っている〟ことが力《ちから》である。無知の征服《せいふく》は即《そく》不幸の征服へと通《つう》じていくのである。

――平4・8・16

＊

庶民《しょみん》の心で、庶民とともに、庶民の味《み》方《かた》として進んでいく。これが「日蓮大聖人の仏法」であり、人間のための宗教である。学会は永遠《えいえん》に〝民衆とともに〟〝民衆のために〟という正道《せいどう》を歩《あゆ》んでいくのである。

――平4・8・24

＊

〝創価の城《しろ》〟は〝民衆の城〟である。

この城を最前線《さいぜんせん》で真剣に戦い築《きず》いてきた雄々《おお》しき友こそ、広宣流布の英雄《えいゆう》である。これまでも、いわゆる有名な幹部より、第一線の友のほうが、どれほど勇敢《ゆうかん》であったか。私は見てきた。私は忘れない。

――平4・8・31

＊

学会は、普通の社会人が即《そく》、広布の戦《せん》士《し》となって働《はたら》いている。自分の職場、家庭を最大に大切にしながら、正法《しょうほう》を証明《しょうめい》し、弘《ひろ》め、社会に貢献《こうけん》している。「民衆」が即「リーダー」である。分離《ぶんり》されていない。ここに強みがある。みなが一体となって知恵《ちえ》を出し、もっとも価値的《かちてき》な働きをしていく。ここに勝利が生まれる。

――平5・5・23

＊

大聖人は、御自身《ごじしん》を「民《たみ》が子《こ》」（御書一三三二ページ）と仰《おお》せになられて、一生涯《いっしょうがい》、民衆とともに、民衆のなかで戦われた。学会員は大聖人の真の門下《もんか》である。民衆の最大の味方《みかた》である。口先《くちさき》ではなく、肉《にく》弾戦《だんせん》で民衆のために走り続けてきたのは学会である。この精神は永遠《えいえん》である。絶対に偉《えら》ぶってはならない。庶民《しょみん》を味方にする戦いなのだから、庶民になりきって戦っていく。この簡単《かんたん》なことがみな、なかなか実践《じっせん》できない。

――平5・6・26

＊

〝愚《おろ》かな民衆〟が指導者に盲従《もうじゅう》するのではなく、指導者が〝賢明《けんめい》な民衆〟に奉《ほう》仕《し》していく。民衆が奉仕させていく。そこにしか、人類の幸福はない。学問も教育も宗教も政治も経済も、すべてを〝民衆の幸福〟のために再編成《さいへんせい》していく。この逆転劇《ぎゃくてんげき》が「創価革命」である。

――平5・12・6

＊

一番、偉《えら》いのはだれか。民衆を救《すく》う人である。民衆の幸福のために戦う人である。権力者が偉いのではない。有名人が偉いのではない。権力は魔性《ましょう》である。民衆を利用しようとする。民衆のために戦う人を封《ふう》じ込《こ》めようとする。こんな魔性に屈《くつ》しては断《だん》じてならない。戦いぬくのが、真の仏法者であり、日蓮大聖人直結《ちょっけつ》の門下《もんか》である。

――平5・12・16

＊

創価学会は、民衆の最大の味方《みかた》である。不幸な人、悲《かな》しんでいる人、苦《くる》しんでいる人の一番の味方である。日本の社会には、そういう人を差別《さべつ》し、見くだす傾向《けいこう》がある。学会はそうではない。その人の立場になって、その人のために貢献《こうけん》し、ともに幸福になっていくのである。

――平6・2・27

＊

「創価学会は宗教界の王者である」――。〝3・16〟に永遠《えいえん》に刻《きざ》まれた、戸田先生の獅子吼《ししく》である。この王者の誇《ほこ》りを決して失《うしな》ってはならない。では、「王」とは何か。中国の歴史書『史記《しき》』には、「王者は民人《みんじん》を以《もっ》て天と為《な》す」（王者は民衆を天のごとく敬《うやま》う）とある。王者とは、民衆を〝天のごとく〟もっとも大切にできる人間である。御書に、「王は民《たみ》を親とし」（一五五四㌻）と仰《おお》せのごとく創価学会は庶民《しょみん》を根本《こんぽん》としている。庶民をだれよりも大切にしている。そして庶民と一緒《いっしょ》に進んでいる。これが真の王者のいき方である。

――平6・3・5

学会活動

日々の地道な活動の中で、じつは、計《はか》り知《し》れない功徳《くどく》がわが身《み》に積《つ》まれているのである。そして、生々《しょうじょう》世々、今世《こんぜ》の姿《すがた》からは想像《そうぞう》もつかないほどの大福徳《だいふくとく》の境《きょう》涯《がい》で生まれ、数多くの同志を悠々《ゆうゆう》と守れるような立場となって、正法《しょうほう》のために働《はたら》いていくことができる。そのかぎりない連動《れんどう》の中で、広宣流布は、全地球上に、壮大《そうだい》に展開していくのである。

――平1・4・25

＊

政財界《せいざいかい》や学問の世界をはじめ、いかなる分野にも、傲《おご》り高ぶった権威《けんい》と名利《みようり》の人がいるものだ。しかし、そうした人々の〝傲り〟の心を豊潤《ほうじゆん》な人間性へと変えゆく労作業こそ、ほかならぬ学会の使命であると自覚《じかく》したい。真実の人間生命の変革《へんかく》は、妙法による以外にないからである。まさに、正しき信仰とは、人間性の精髄《せいずい》を発揮《はつき》させゆく王道《おうどう》である。ゆえに、学会の折伏・弘教《ぐきよう》は、地球上のあらゆる〝傲り〟の存在と戦いゆく民衆の一大運動である。

――昭62・12・19

＊

創価学会は〝人生の総合大学〟といってよい。学会が進めている座談会、学習会、折伏・弘教《ぐきよう》の実践《じつせん》、信心懇談《こんだん》などの場は、すべてが〝生命錬磨《れんま》の学校〟であり、〝価値《かち》創造《そうぞう》の学校〟である。さらには〝仏教学校〟であり〝人間学校〟である。また、新世紀を開きゆく人材群の学校という意味から〝新世紀学校〟ともいえる。事実、そうした〝人生の学舎《まなびや》〟ともいうべき学会の姿《すがた》に、社会の多くの人々が共感と期待の目を向けている。

――昭63・2・27

＊

世界には、じつにさまざまな目的をもった運動がある。しかし、広布の運動以上に、崇高《すうこう》なる目的と、その実現への確《たし》かな裏付《うらづ》けの哲理《てつり》と行動をもった運動は、絶対にないといえる。

――昭63・11・18

＊

ＳＧＩの活動は、現実生活のなかで、一人《ひとり》一人が仏法を根本《こんぽん》に「大我《たいが》」の生命を確立《かくりつ》するとともに、その生命変革《へんかく》を成《な》し遂《と》げながら、人間と人間のネットワークをもって世界の平和を構築《こうちく》しようとするものである。これが仏法を基調《きちょう》としたＳＧＩの平和運動であり、文化・教育運動である。

――平1・3・6

＊

仏道修行《ぶつどうしゅぎょう》も、広宣流布の活動も、すべて自身の成仏《じょうぶつ》のためである。また、人々の最高の幸福のためであり、世界に平和と繁栄《はんえい》の道を開くためである。大聖人が仰《おお》せの通りの、自行化《じぎょうけ》他《た》にわたる修行であり、活動である。それ以外に、一片《いっぺん》の社会的野心《やしん》も、利己的《りこてき》な目的もない。

――平1・9・6

＊

家庭訪問《ほうもん》する、個人指導に歩く、弘教《ぐきょう》に励《はげ》む、同志の面倒《めんどう》をみる――こうした基本の活動が、信心の基礎《きそ》体力をつけていく。したがって、いくら役職を持ち、巧妙《こうみょう》に組織のなかで戦っているような姿《すがた》をみせても、基本となる仏道修行《ぶつどうしゅぎょう》を怠《おこた》り、広布の組織活動をないがしろにする人は、結局《けつきょく》行《ゆ》き詰《づ》まり、信心の軌道《きどう》から離《はな》れていくのである。――平1・9・15

*

信心の世界は幸《しあわ》せになるための世界である。本来《ほんらい》、最高に自由な、最高に楽しい集《つど》いである。だれ人も人を叱《しか》ったり、苦《くる》しめる権利はない。叱られて、いやな思いをしなければならない義務もない。たとえば、弘教《ぐきょう》ができようができまいが、実践《じっせん》していること自体が、じつは無上《むじょう》に尊《とうと》い。法を説《と》ける喜《よろこ》びを心から感じ、その喜びを語《かた》り合《あ》っていけば、さらに福徳《ふくとく》は広がっていく。〝楽しい弘教〟〝楽しい活動〟が仏法の精神なのである。――平2・2・13

*

大聖人は「一生空《いっしょうむな》しく過《す》して万歳悔《ばんさいく》ゆること勿《なか》れ」（御書九七〇㌻）――一生を空しく過ごして、万年にわたる悔いを残《のこ》してはならない――と仰《おお》せである。忙しく、時間的に余裕《よゆう》がないなかで、人々の幸福のため、また自身の三世《さんぜ》永遠《えいえん》に崩《くず》れぬ幸福を築《きず》きゆくために、日夜、戦い続けていく。その人生ほど、価値《かち》ある人生はない。

――平2・9・5

＊

仏法とは最高の道理《どうり》である。この道理を根底《こんてい》にしていっさいの社会活動を推進《すいしん》していく。そこに、社会に脈動《みゃくどう》する、生きた仏法の展開がある。ＳＧＩの運動は、その方軌《ほうき》にのっとったものである。

――平2・10・14

＊

学会の各部の「大学校」は、日蓮大聖人の仏法を研鑽《けんさん》し、正法《しょうほう》を弘宣《ぐせん》しゆく折伏の場である。また、古今東西《ここんとうざい》のあらゆる事柄《ことがら》を学《まな》び、新時代のリーダーとして知性《ちせい》と知恵《ちえ》を磨《みが》く啓発《けいはつ》の場である。さらに、多くの人々と友情の絆《きずな》を結《むす》び、友好の輪《わ》を広げる〝社会との交流《こうりゅう》の広場〟となっている。「大学校」は、あらゆる次元を包含《ほうがん》しつつ、新しい広宣流布の流れを総合的につくっているのである。

――平2・12・9

＊

妙法は円満《えんまん》の法である。何ひとつ欠《か》けるところがない。無駄《むだ》もない。妙法流布《るふ》に連《つら》なった行動は、一つも残《のこ》らず、ことごとく、自身の永遠《えいえん》の〝宝《たから》〟〝財宝《ざいほう》〟となる。因果《いんが》の理法《りほう》は厳然《げんぜん》としている。

――平3・4・10

＊

妙法の大地から広がる、仏法基調《きちょう》の文化・平和・教育の大運動――。学会の前進の正しさは、御書に照《て》らし、絶対に間《ま》違《ちが》いない。社会のなかに展開しゆく仏《ほとけ》の道の実践《じっせん》である。

――平3・4・12

＊

SGIは、日蓮大聖人の仏法を基調《きちょう》として、新しき〝英知の波〟〝人間主義の光《ひかり》〟を全世界に広げている。これほど創《そう》造的《ぞうてき》に、地球規模《きぼ》の壮大《そうだい》なスケールで、人類のための運動を展開している団体はない。まして仏教団体としては、未曾有《みぞう》の壮挙《そうきょ》である。

――平3・6・1

＊

SGIの行動は、大聖人の〝太陽の仏法〟で全人類を照《て》らしゆく一大〝民衆運動〟〝人間主義運動〟である。どこまでも人間として、人間とともに、人間のために、〝生命の解放《かいほう》〟を実現しゆく、かつてない根本的《こんぽんてき》な宗教革命である。ゆえに、魔軍《まぐん》の反動《はんどう》がいかに激《はげ》しくとも、退《しりぞ》くことはできない。後退《こうたい》は、人類の希望の消滅《しょうめつ》につながる。勝利こそが、人類を不幸の鎖《くさり》から永遠《えいえん》に解放しゆくからである。

――平3・7・10

＊

正法興隆《しょうほうこうりゅう》に尽《つ》くす学会の行動は、世界各国の識者や著名人からもたたえられ、賛同《さんどう》と理解をもって守られている。仏法の眼で見るならば、これも梵天《ぼんてん》・帝釈《たいしゃく》の働《はたら》きといえよう。そして、この事実の姿《すがた》自体が、妙法の力《ちから》がどれほど偉大《いだい》か、そして学会の理念と行動が、いかに大聖人の御心に適《かな》っているかの証明《しょうめい》である。

――平4・1・12

＊

学会活動こそ現代の仏道修行《ぶつどうしゅぎょう》である。法のため、人のため、社会のために、〝一番、真剣〟に行動した人が、最後は〝一番、幸福〟になる。それが日蓮大聖人の仏法の偉大《いだい》さであり、大慈悲《だいじひ》である。このことは無数《むすう》の事実が証明《しょうめい》している。

――平6・4・17

＊

「自分のため」「法のため」「社会のため」に、自《みずか》ら決めて、勇《いさ》んで広布の活動を続ける人生にこそ、三世永遠《さんぜえいえん》にわたる自由の軌道《きどう》はある。

――平6・5・4

第二章　人間革命

人間革命

いつの時代にあっても、人のうわさ話など無意味な語《かた》らいに時間を費《つい》やしたり、虚栄《きょえい》を追《お》い求《もと》める人は多いが、真摯《しんし》に自己《じこ》を見つめようという人は少ない。

しかし、すべては、自己自身の変革《へんかく》から始まるのである。生活も、事業も、教育も、政治も、また経済も、科学も、いっさいの原点は人間であり、自己自身の生命の変革こそがすべての起点《きてん》となる。まさに日蓮大聖人の教えに通《つう》じ、人間革命にも通じている。

――昭61・8・2

*

仏教は、永続的《えいぞくてき》で協調的《きょうちょうてき》な社会の変革《へんかく》は、民衆一人《ひとり》一人の人間革命から出発しなければならない。つまり、個人の内面《ないめん》の変革が、対話と実践《じっせん》の積《つ》み重《かさ》ねをとおして、多くの人々の心を動かし、社会変革へと波及《はきゅう》しゆくと説《と》くのである。

――昭63・1・7

*

宿業《しゅくごう》の転換《てんかん》なくして、永遠《えいえん》の幸《しあわ》せはない。その源泉力《げんせんりょく》こそ、信心である。宿業というものは、病院でもなおらない。学校でも、また、たとえ外国に行っても変えることはできない。妙法を実践《じっせん》する以外に、悪《あ》しき生命の傾向性《けいこうせい》を転換《てんかん》していくことは不可能である。それは、個人であれ、家族であれ、国家であれ、同じ原理である。ここに、全民衆が、正法《しょうほう》を奉《ほう》じ、御本尊を求めていくべき根本的《こんぽんてき》な理由がある。

――昭63・8・7

＊

現代もまた〝心の死〟からの〝再生《さいせい》〟を切《せつ》に求めている。そして、多くの川がやがて大海《たいかい》をつくるように、一人《ひとり》一人の〝人生の再生〟があってこそ、人間復興《ふっこう》の新しきルネサンスの潮流《ちょうりゅう》は流れ始める。詩心《しごころ》の深まりによる自分自身の再生、私はそれを「人生ルネサンス」と呼《よ》びたい。――『主婦と生活』平1・1月号

＊

妙法に照《て》らされた人格《じんかく》は、宇宙大《うちゅうだい》の自由をはらむ〝大我《たいが》〟の境地《きょうち》に立脚《りっきゃく》して、〝小我《しょうが》〟のエゴイスティックな方向に凝《ぎょう》集《しゅう》していた欲望《よくぼう》のエネルギー（煩悩《ぼんのう》）をも、質的《しってき》に転換《てんかん》していく。つまり、煩悩のエネルギーを輝《かがや》ける英知と慈悲《じひ》へ昇華《しょうか》しつつ、他《た》者《しゃ》や共同体、社会など、個人を超《こ》えた次元へと力強《ちからづよ》く立ち向かっていくのである。ここに「煩悩即菩《そくぼ》提《だい》」の法《ほう》理《り》があり、理想社会の建設に取り組みながら、自《じ》他《た》ともに真実の人間完成をめざ

しゅく道が、広々と、また晴ればれと開かれている。　――平1・5・28

＊

富士の〝美《び》〟は、長い着実な活動の結果である。人間も修行《しゅぎょう》と試行錯誤《しこうさくご》の繰《く》り返《かえ》しで、しだいに完成されていく。一度に自己《じこ》完成はできない。地道に、着実に活動した人が、最後には勝つ。美しく輝《かがや》いていくのである。　――平1・7・27

＊

人生は、すべて〝自身の生命〟の活動である。他のだれのものでもない。だれのせいでもない。〝神〟などの、だれか別の存在が決めたものでもない。人生の出来事《できごと》は、ことごとく、自身の生命に受け、自身の生命が用《もち》いていく。自身を離《はな》れて、幸福もなければ、信仰の精髄《せいずい》もない。仏法の魂《たましい》もない。この自身の生命を、清浄《せいじょう》にして無限《むげん》に力強《ちからづよ》き「仏界《ぶっかい》」の生命へと変革《へんかく》していく。何があっても、いっさいを幸福へ幸福へと、受け、用いていくことのできる人生となる。　――平1・10・24

＊

仏典《ぶってん》には次のような言葉がある。「飢《き》饉《きん》は貪欲《とんよく》（むさぼり）の心から起《お》こり、疫病《えきびょう》は愚癡《ぐち》（おろか）の心から起こり、戦争は瞋恚《しんに》（いかり）の心から起こる」と。つまり飢饉、疫病、戦争という社会の混乱《こんらん》は、人間の善性《ぜんせい》を毒《どく》する〝生命の濁《にご》り〟に根本的要因《こんぽんてきよういん》があるとしている。その生命自体を変革《へんかく》し、浄化《じょうか》していくなかに、平和への確《たし》かな道がある。仏法を基調《きちょう》にした、この人間革命の実践《じっせん》がSGIの平和・文化・教育の運動の根幹《こんかん》になっている。

――平2・12・13

＊

不信とエゴに翻弄《ほんろう》され
権力欲《けんりょくよく》に突《つ》き動《うご》かされる
生命の内《うち》なる「悪《あく》」を
自《みずか》ら律《りつ》する精神の闘争《とうそう》
利他《りた》と慈悲《じひ》の翼《つばさ》をもって
「善《ぜん》」の大空に飛翔《ひしょう》し
自己《じこ》完成の頂《いただき》を目指《めざ》しゆく
人間性の研磨《けんま》作業
それを
私は「人間革命」と呼《よ》ぶ

――平3・4・18

＊

個人の「人間革命」と、それに即《そく》した「社会変革《へんかく》」をめざしている。そうした人類貢献《こうけん》への〝価値《かち》〟の花々や実《み》も、いっさいは、はじめの「種子《しゅし》」に含《ふく》まれている。決して外《そと》から与えられるものではない。外からは、ただ、その種子を、どうよりよく育《そだ》てるかという影響《えいきょう》を与えるだけである。壮麗《そうれい》な人間性の緑野《りょくや》も、文化の森も、はじめは、小さな種子に始まる。人間の内《うち》なる一念、正しき道理《どうり》に合《がっ》致《ち》した一念が、大きく育っていくのである。

――平3・4・29

＊

成仏《じょうぶつ》といっても、自分自身が開く境涯《きょうがい》である。他から与えられるものでもないし、だれかが開いてくれるわけでもない。人間革命のドラマの主人公は、あくまでも自分自身である。

――平4・1・26

＊

きょうの課題《かだい》に勝て
きょうの自分に勝て
その信仰即《そく》生活の
絶《た》えざる精進《しょうじん》のなかにしか
人間革命の正道《せいどう》はない

――平4・2・8

＊

〝きのうの自分から、きょうの自分へ〟
〝きょうの自分よりも、あすの自分へ〟
と、つねに成長していく。それでこそ皆に、勇気を与え、希望を与え、勝利へと導《みちび》いていける。日々、変化し、日々、成長する。これが人間革命である。真の信仰者の人生である。いつもいつも同じ話、惰性《だせい》の姿《すがた》ではいけない。変革《へんかく》の波を、まず自分の心のなかから起《お》こしていくことである。

——平4・5・12

＊

〝自分をつくる〟積極的《せっきょくてき》な努力があってこそ、〝法〟の正しい実践《じっせん》も可能になる。〝人〟である。〝人間革命〟である。自身の人間革命への、たゆまぬ挑戦《ちょうせん》があってはじめて、人間の宗教の指導者となれるのである。

——平4・9・2

＊

人間革命とは、一面からいえば〝一流の人間〟に成長することである。一流の人は、力《ちから》とともに人格《じんかく》も立派《りっぱ》で、誠実《せいじつ》である。何ごとも、薄《うす》っぺらな策《さく》ではなく、自分の全人格でぶつかっていくことだ。大誠実で生きぬき、厳然《げんぜん》と結果を出していくことである。大目的に向かって、全身全霊《ぜんしんぜんれい》で戦っていくことである。

——平4・9・26

＊

革命は、なまやさしいものではない。創価学会の革命は人間革命であり、平和革命であるが、決して、淡《あわ》い夢《ゆめ》のような、簡単《かんたん》な気持ちで、建設ができるはずがない。死ぬか、生きるかという繰《く》り返《かえ》しのなかに、偉大《いだい》な事業も、偉大な人間の歴史もつくられていくのである。

——平4・10・21

＊

〝知恵《ちえ》〟もある。〝慈悲《じひ》〟もある。それが人間革命である。知恵があっても無慈悲であれば、冷《つめ》たい邪智《じゃち》になってしまう。慈悲があっても知恵がなければ、人々を救《すく》うことはできない。かえって誤《あやま》った方向に進ませる場合すらある。自分の幸福もつかめない。知恵と慈悲を兼《か》ね備《そな》える。この人間革命という、無上《むじょう》の喜《よろこ》びと向上の道を、〝自《じ》他《た》共《とも》に〟進んでいくのが学会員の人生なのである。

——平5・2・5

＊

木も、小さいうちは、少しの風にも揺《ゆ》れる。大木《たいぼく》になれば、どんな嵐《あらし》にも揺るがない。人間も、生命力が弱ければ、少しの悩《なや》みの風にも紛動《ふんどう》されてしまう。娑《しゃ》婆《ば》世界である以上、風を止めることはできない。自分が強くなる以外にない。自分が大木になれば、どんな大風も平気《へいき》である。むしろ楽しんでいける。そういう人生、生命へと、人間革命していくための信仰である。

——平5・3・3

境涯革命

同じ境遇《きょうぐう》でも、幸福を満喫《まんきつ》する人がいる。また耐《た》えがたい不幸を感じる人もいる。同じ国土《こくど》にいても、すばらしき天地としてわが地域をこよなく愛する人もいれば、現在の住処《じゅうしょ》を嫌《きら》い、他土《たど》ばかりに目を向ける人もいる。仏法は、自身の境《きょう》界《がい》世界を高めながら、確《たし》かなる幸福と社会の繁栄《はんえい》を築《きず》いていくための〝法〟である。さらに国土自体をも、「常寂光土《じょうじゃっこうど》」へと転換《てんかん》していける「事《じ》の一念三千」の〝大法《だいほう》〟なのである。――昭63・3・24

*

戸田先生は、ご自身のことを「なぜ会長になったのか。それは、私は妻も亡《な》くした。娘も亡くした。そして人生の苦労を、とことんなめつくした。だから会長になったのだ」と話されていた。まことに含蓄《がんちく》の深い言葉である。学会の会長が名誉職であるならともかく、会長職は、庶民《しょみん》の苦悩《くのう》と悲哀《ひあい》をだれよりも理解できる人でなければつとまらない。「だれよりも苦労した。だから会長になったのだ」――この戸田先生の言葉を、幹部は、それぞれの立場で、深くかみしめていくべきである。そして人に倍する苦労を求め、苦労によって自身の信心の境涯《きょうがい》を深めていきたい。

――昭63・6・17

＊

信心の境涯《きょうがい》を開くのは、〝一歩〟また〝一歩〟の努力である。止まってはならない。行《ゆ》き詰《づ》まったら題目をあげ、行動して開いていく。その、たゆまぬ繰《く》り返《かえ》しによって、初めて宇宙大《うちゅうだい》の境涯へと一歩一歩近づいていくことができる。

――昭63・12・10

＊

財産や地位、名誉などは、突《つ》き詰《つ》めれば、自分の外面《がいめん》を飾《かざ》る〝衣服《いふく》〟や〝装飾《そうしょく》品《ひん》〟にすぎない。信心に励《はげ》み、仏《ほとけ》の境界《きょうがい》を得《え》ることこそ、崩《くず》れざる真実の喜《よろこ》びである。そしてその仏の境界に立脚《りっきゃく》してこそ、甚深《じんじん》の智慧《ちえ》がわき、かぎりない慈悲《じひ》の心をもっていくことができる。そこに人生の歓喜《かんき》がある。

――昭63・12・10

＊

目先《めさき》のことばかりにとらわれたり、自分の狭《せま》い考えにのみ汲々《きゅうきゅう》としていては、新しい前進はない。広宣流布のため、学会のため、会員のため、後輩のために、心を一歩開いていったときに、自身の境《きょう》涯《がい》も晴れればれと広がっていくのである。

〝発想《はっそう》の転換《てんかん》〟が、大きく自分を開いていく——このことは広布の活動全般《ぜんぱん》にわたって通《つう》じていくことである。

——平1・2・20

＊

幸福は何によって決まるか。これが人生の根本《こんぽん》問題である。結論的《けつろんてき》にいえば、幸福のもっとも重要な要素《ようそ》、それは自分自身の内《うち》なる境涯《きょうがい》である。大きな境涯の人は幸福である。広々とした心で、毎日を生きぬいていける。強い境涯の人は幸《しあわ》せである。苦《くる》しみにも負《ま》けることなく、悠々《ゆうゆう》と一生を楽しんでいける。深い境涯の人は幸せである。人生の深き味《あじ》わいをかみしめながら、永遠《えいえん》にも通《つう》じゆく有意《ゆうい》義《ぎ》な価値《かち》の歴史をつくりゆくことができる。清《きよ》らかな境涯の人は幸せである。その人の周《まわ》りには、つねにさわやかな喜《よろこ》びが広がっていくのである。

——平1・5・28

＊

「南無妙法蓮華経」の題目は万法《ばんぽう》の体《たい》であり、いっさいの法則《ほうそく》、学問、経教《きょうぎょう》が包含《ほうがん》されている。題目を唱《とな》えることによって、万般《ばんぱん》に通《つう》じゆく自在《じざい》の境涯《きょうがい》を求めずして自《おの》ずから得《え》ることができるのである。あとは強盛《ごうじょう》な信心を貫《つらぬ》いていけばよい。必《かなら》ず成仏《じょうぶつ》という永遠《えいえん》に崩《くず》れない絶対的幸福を築《きず》いていくことができる。したがって、どのような苦《くる》しみや困難《こんなん》があっても、題目だけは、唱え続けていくことである。　――平1・6・3

＊

題目を朗々《ろうろう》と唱《とな》えながら、法のため、友のため、また地域のため、社会のために積《つ》み重《かさ》ねゆく行動は、すべて、わが生命の永遠《えいえん》の旅路《たびじ》を王者の大境涯《だいきょうがい》で飾《かざ》りゆく無限《むげん》の〝宝《たから》〟となる。　――平1・6・13

＊

人生には、必《かなら》ず行《ゆ》き詰《づ》まりがあるだろう。そのときは唱題である。そうすれば雲が晴れていくように、必ず無限《むげん》の境涯《きょうがい》が、いつしか広がっていくものである。行き詰まりとは、いわば、より以上、広々と自分の境涯と福運《ふくうん》を開いていける山の頂上《ちょうじょう》を前にしたようなものだ。それを乗《の》り越《こ》えれば、あたかも、白馬にまたがって人生の広野を楽しく走りゆくかのようになる。そしてまた、新《あら》たな〝行き詰まり〟という山に出あう。そこを唱題によって再《ふたた》び乗り越えれば、さらに大境涯が広がっていく。信心とはこの繰《く》り返《かえ》しである。そして最後には、永遠《えいえん》にして広《こう》大無《だいむ》辺《へん》、自由自在《じざい》の成仏《じょうぶつ》の境界《きょうがい》に入っていくことができるのである。

――平1・12・28

＊

どんなに立派《りっぱ》な家に住み、多くの富《とみ》に恵《めぐ》まれていても、心が卑《いや》しく、境涯《きょうがい》が低ければ、決して幸福とはいえない。それでは、「不幸城《じょう》」に住む人となってしまう。たとえ今は、どのような環境《かんきょう》にあっても、心美《こころうつく》しく豊かで、境涯の高い人は、必《かなら》ず物心《ぶっしん》ともの幸福を開き、築《きず》いていくことができる。

——平2・8・12

＊

一番苦労した人が、一番成長するし、境涯《きょうがい》を大きく開くことができる。それが信心である。また人生の真髄《しんずい》である。いささかの無駄《むだ》もない。

——平2・9・30

＊

外的な抑圧《よくあつ》、束縛《そくばく》からの自由も大事である。そのうえで、さらに内《うち》なる精神の自由へ、魂《たましい》の自由へと進んでいかなければならない。〝魂の自由〟こそ、何ものにもかえがたい〝宝処《ほうしょ》〟である。生死《しょうじ》の鉄鎖《てっさ》、宿命《しゅくめい》の鉄鎖から解放《かいほう》し、生命の宝処に入っていくことを可能にする、仏法の意義《いぎ》はまことに大きい。さらに、仏法では化城《けじょう》を即《そく》宝処と開いていくと説《と》く。すなわち、化城であるこの無常《むじょう》、苦悩《くのう》の現実を離《はな》れたどこか遠くに、宝処である理想郷《りそうきょう》を求めていくのではない。自身の内なる生命の境涯《きょうがい》を広々と開きながら、この現実の一つ一つの課題《かだい》に全力で挑戦《ちょうせん》していく。そして、現実の苦悩のなかに、幸福と安穏《あんのん》の世界を築《きず》いていく。そこに仏法のいき方がある。

――平2・10・14

＊

何があろうと、「融通無礙《ゆうずうむげ》」（すべてに行きわたって通《つう》じ、少しも渋滞《じゅうたい》しないこと）、「自由自在《じざい》」の大境涯《だいきょうがい》へと、一人《ひとり》も残《のこ》らず飛躍《ひやく》させてくださるのが大聖人の仏法である。ゆえに、仏道修行《ぶつどうしゅぎょう》は、わが胸《きょう》中《ちゅう》にかぎりない〝精神の自由〟〝生命の自由〟を獲得《かくとく》し、拡大していく「幸福の軌道《きどう》」であり、そこに、信仰の一つの真《しん》髄《ずい》がある。

――平3・1・6

＊

真の仏法の説《と》く本尊は、人間の一念と宇宙《うちゅう》を貫《つらぬ》く法則《ほうそく》を表《あらわ》した明鏡《めいきょう》であり縮図《しゅくず》である。本尊への祈りを通《つう》じて、自身の〝内《うち》なる宇宙〟と出あうことができる。自己《じこ》の生命を宇宙に開き、そのかぎりないエネルギーと妙《たえ》なる律動《りつどう》を呼吸《こきゅう》し、交《こう》流《りゅう》し、自身の内に顕現《けんげん》させながら、雄大《ゆうだい》な自身へと境涯《きょうがい》を変革《へんかく》していく。ここに信仰の真髄《しんずい》がある。

――平3・6・28

＊

自分が境涯《きょうがい》を広げた分《ぶん》だけ、一人《ひとり》の人を大切にできる。人の可能性を開いてあげた分だけ、自分の生命力も強まっていく。この求道《きゅうどう》と救済《きゅうさい》、自己《じこ》の深化《しんか》と他者《たしゃ》への慈愛《じあい》のかかわりの往復《おうふく》作業のなかに、わが〝生命の宝塔《ほうとう》〟の拡大の作業、荘厳《そうごん》の作業がある。真の自己革新《かくしん》の生き方がある。また社会に、馥郁《ふくいく》たる〝高貴《こうき》なる人間性の薫《かお》り〟を送り、〝人間の尊《そん》厳《げん》〟を現実化しゆく軌道《きどう》もある。

――平3・7・14

＊

社会の開拓《かいたく》をなしていくには、周囲《しゅうい》の共感と賛同《さんどう》が必要であり、それには、内《うち》なる心、境涯《きょうがい》の開拓が不可欠《ふかけつ》となる。

――『主婦の友』平4・1月号

＊

人生は、悩《なや》みとの闘争《とうそう》である。その苦《くる》しみを悠々《ゆうゆう》と見おろしながら、胸中《きょうちゅう》に永《えい》遠《えん》の崩《くず》れざる「幸福の都《みやこ》」を開いていくのが信心である。境涯《きょうがい》を開けば幸福が開ける。境涯が広がれば幸福が広がるのである。

――平4・2・16

＊

幸福は自分自身の勝利である。自分で勝ち取るものである。人から与えられるものではない。人をうらやむ必要もない。聡明《そうめい》に、楽しみを自分で見つけ、自分でつくり、自分で広げていく。その心、その境涯《きょうがい》に、幸福は躍動《やくどう》している。自分の中に〝宮殿《きゅうでん》〟がある。自分の中に〝竜《りゅう》宮城《ぐうじょう》〟がある。その喜《よろこ》びの城《しろ》を自分で開くことである。ここに人生の、そして仏法の究極《きゅうきょく》もある。

――平4・2・27

＊

戸田先生は、投獄《とうごく》され、極度《きょくど》の栄養失《えいようしっ》調《ちょう》という最悪《さいあく》の状態《じょうたい》のなかで仏《ほとけ》の境界《きょうがい》を得《え》られた。牧口先生も同様である。お二人《ふたり》は、いかなる境遇《きょうぐう》にあっても、ただ信心の二字によって「衆生所遊楽《しゅじょうしょゆうらく》」の境涯《きょうがい》が開けることを教えてくださった。御本尊にいくら御力《おちから》があっても、信心がなければ、意味がない。信心のある人は、いかなる状況《じょうきょう》になろうとも根本的《こんぽんてき》に守られていく。必《かなら》ず幸福になる。

――平4・10・10

＊

〝境涯《きょうがい》を開く〟ことである。人間、いつも自分のことだけを考えていると、しだいに〝小さな心〟〝小さな自我《じが》〟に固《かた》まってしまう。法のため、人のため、社会のためという、開かれた大きな目的に向かって働《はたら》けば、「一心《いっしん》の妙用《みょうゆう》」によって、〝大きな自我〟〝大きな心〟が築《きず》かれていく。〝大きな心〟は即《そく》〝大きな幸福〟

を味《あじ》わえる心である。　――平5・3・9

＊

信心強き人は、絶対に行《ゆ》き詰《づ》まらない。何が起《お》ころうと、すべてを功徳《くどく》に変えていける。幸福に変えていける。もちろん長い人生には、さまざまなことがある。悩《なや》み、苦《くる》しみがある。しかし、それらを全部、自分自身の境涯《きょうがい》を開く糧《かて》とすることができる。その意味で、信仰者にとって、根底《こんてい》は、いっさいが功徳であり、幸福なのである。信心強き人に、不幸の二字はない。　――平5・4・3

＊

生命は、露《つゆ》や塵《ちり》のように小さいともいえる。しかし、大海《たいかい》に入った露は大海といったいになる。大地に埋《うず》めた塵は大地といったいになる。その大地が草木《そうもく》を茂《しげ》らせ、花を咲《さ》かせ、多くの実《み》を結《むす》ぶ。それと同様に、宇宙《うちゅう》の根本法《こんぽんほう》である妙法に命《いのち》を帰《き》していくとき、自身の小さな境涯《きょうがい》もまた、宇宙大へと拡大していく。小我《しょうが》が大我《たいが》となる。広布のため、民衆のためとの大願《だいがん》の行動は、即《そく》自分自身のため、自分の眷属《けんぞく》のための大福徳《だいふくとく》となる。これが仏法の方程式《ほうていしき》である。　――平5・4・13

＊

御本尊を持っている。妙法を持っているということは、すなわち自分自身が妙法の当体《とうたい》である。大福運《だいふくうん》の当体であり、多《た》宝《ほう》の宝塔《ほうとう》なのである。ゆえに、負《ま》けるものはない。恐《おそ》れるものもない。自分自身が宝塔である、自分自身が仏《ほとけ》の当体である——このことを確信するとき、境涯《きょうがい》は〝生きていること自体が楽しい。愉快《ゆかい》である〟——こうなっていく。この大境涯を事実のうえで感得《かんとく》し、獲得《かくとく》するのが信心の目的である。

——平5・10・1

＊

真実の信仰は、煩悩即菩提《ぼんのうそくぼだい》である。悩《なや》みがないのではない。悩みに負《ま》けるのでもない。悩みを乗《の》り越《こ》えて幸福をつかみ、境涯《きょうがい》を開く。それが信心である。

——平6・1・20

宿命転換

人類は、ある運命《うんめい》を背負《せお》っているだろう。その運命のままに歩《あゆ》むならば、人類も再《ふたた》び数々の災禍《さいか》を繰《く》り返《かえ》すことになるに違《ちが》いない。しかし、学会には、妙法という宿命打開《しゅくめいだかい》の大法《だいほう》がある。それは一個《いちこ》人《じん》のみにとどまらず、国土《こくど》をも、また全人類の宿業《しゅくごう》をも転換《てんかん》していく大法則《だいほうそく》である。ゆえに、妙法を根底《こんてい》とした学会の平和運動こそ、真実・恒久《こうきゅう》の平和へと向かうもっとも重要な活動であることを自覚《じかく》すべきである。　――昭62・7・21

*

若き日の労苦《ろうく》に耐《た》え、苦《くる》しみを成長へのバネとしていった人は、数多くいる。いわんや「無量宝珠《むりょうほうしゅ》」ともいうべき御本尊を受持《じゅじ》したのである。いかなる悩《なや》みや苦しみも変毒為薬《へんどくいやく》していけるとともに、それらが、もっとも価値《かち》ある人生勝利への源泉《げんせん》とならないわけがない。　――昭63・1・15

*

妙法受持《じゅじ》の人の世界は、もはや無常《むじょう》や悲哀《ひあい》に閉《と》ざされた世界では決してない。娑婆《しゃば》世界である、この苦悩《くのう》に満《み》ちた人生、社会・国土《こくど》を「常住《じょうじゅう》」の「寂光楽土《じゃっこうらくど》」へと転《てん》じていくことができる。

――昭63・2・18

＊

すべての人々を「抜苦与楽《ばっくよらく》」していくことによって、この国土《こくど》の福運《ふくうん》をも増《ま》していく。いかなる国土も、妙法の光《ひかり》でつつみ込《こ》み、仏国土《ぶっこくど》へと変えていける。これが法華経の「三変土田《さんぺんどでん》」に通《つう》ずる法理《ほうり》である。国土の宿命《しゅくめい》をも転換《てんかん》しゆく、この真実の平和と繁栄《はんえい》の大原理は、他の政治や科学や経済等の形而下《けいじか》のみの次元にはない。ただ妙法による以外にないのである。

――昭63・2・18

＊

人生のあらゆる出来事《できごと》は、それをどうとらえていくかでプラスにもマイナスにもしていける。信心も同様である。「皆我《わ》が一念に納《おさ》めたる功徳善根《くどくぜんこん》なりと信心を取るべきなり」（御書三八三㌻）――すべて自分の一念に納まった功徳善根であると信心をとっていきなさい――と仰《おお》せのごとく、経文《きょうもん》を読誦《どくじゅ》し、香《こう》をたき、おしきみをさしあげることも、また、友の激励、指導に歩くことも、信心のための行動はすべて功徳となっていく。つまり、妙法を根本《こんぽん》とするとき、人生の幸・不幸のあらゆる出来事や行動は、いっさ

いが自身の宿命転換《しゅくめいてんかん》と成長への糧《かて》となっていくのである。　——昭63・3・12

＊

世間《せけん》においても、ピンチをチャンスへと転《てん》じる行動が強調される。まして学会員は、大法《だいほう》を持った仏子《ぶっし》である。ゆえに、いかなる苦難《くなん》も、悠然《ゆうぜん》と、また見事《みごと》に勝利へと転じて、信心の〝一心《いっしん》〟の無《む》量《りょう》の力《ちから》を証明《しょうめい》しゆく〝心の戦士《せんし》〟〝心の英雄《えいゆう》〟でありたい。　——昭63・3・21

＊

病気で苦《くる》しければ、だれしも一生懸命《いっしょうけんめい》、題目をあげ始めるに違《ちが》いない。また、そうした苦難《くなん》のときこそ、信心の炎《ほのお》を燃《も》やさなければならない。大切なことは、病気を不幸への出発点とするか、より大《おお》いなる幸福の軌道《きどう》へのスタートとするかである。〝身《み》の病《やまい》〟を機縁《きえん》にした発心《ほっしん》であっても、仏法の実践《じっせん》は同時に〝心の病〟をも癒《いや》していく。唱題の力《ちから》は、病を克服《こくふく》する強き生命力をもたらすのみならず、生命の奥《おく》の宿業《しゅくごう》をも転換《てんかん》していく。生命の〝我《が》〟を仏界《ぶっかい》へと上昇《じょうしょう》させ、崩《くず》れざる絶対的幸福の境涯《きょうがい》へと、無量《むりょう》の福運《ふくうん》を開いていくのである。　——昭63・3・24

＊

「罪障《ざいしょう》」といっても、凡夫《ぼんぷ》には、過去《かこ》

世《せ》のことは自覚《じかく》できない。目にも見えない。手にとることもできない。当然、謗《ほう》法《ぼう》は厳《きび》しく戒《いまし》めなければならない。しかし、いたずらに罪業《ざいごう》の観念《かんねん》にとらわれ、なんとなく、うしろ向きになって、重苦《おもくる》しく過去に縛《しば》られたようないき方になっていくとしたら、それは日蓮大聖人の仏法の正しき実践《じっせん》とはいえない。どこまでも未来を志向《しこう》し、未来を煌々《こうこう》と照《て》らし進みゆく。ここに「現当二世《げんとうにせ》」の大聖人の仏法の真髄《しんずい》がある。

——昭63・4・29

＊

日々の実践《じっせん》にあって、強き〝信心の一念〟に徹《てつ》していくならば、一時は苦《くる》しいこと、いやなことがあっても、深い意味が感じ取れるようになっていく。〝あっ、これはこういう意味だったんだな。これはこういうことだな〟と、事象《じしょう》の本質《ほんしつ》を見通《みとお》していくことができる。何事《なにごと》にも紛《ふん》動《どう》されない確固《かっこ》とした自己《じこ》を築《きず》いていける。また眼前《がんぜん》の事象が、どう変化していくのかも、おのずと見えてくる。そして個人の生活においても、また広宣流布の活動においても、あらゆる環境《かんきょう》や出来事《できごと》を徹底してよい方へ、よい方へと開き、転換《てんかん》できる。これが妙法の偉大《いだい》な力用《りきゆう》である。

——平1・5・9

＊

信心しているからといって、夫《おっと》との死《し》別《べつ》がないわけではない。ある場合には再《さい》婚《こん》も、離婚《りこん》もある。病気で苦《くる》しむこともあれば、子どもや姑《しゅうと》との関係で悩《なや》むこともある。それが、いつの時代にも変わらない現実の人生である。その現実に根《ね》ざして、現実の苦悩《くのう》を転換《てんかん》し、幸福への道を開いていくのが仏法である。仏法は、決して遠くにあるものではない。現実の人生そのもののなかにある。

――平1・11・29

*

貪《とん》・瞋《じん》・癡《ち》・慢《まん》・疑《ぎ》の生命に支配され、苦《くる》しみの闇《やみ》をさまよい歩く――それは、自身の心の本来《ほんらい》のありようを見失《みうしな》った、人間の止めがたい「宿命《しゅくめい》の流転《るてん》」の姿《すがた》にほかならない。戦争や抑圧《よくあつ》、暴力《ぼうりょく》などの人類の〝病《やまい》〟も、この生命の流転から生み出されたものといえよう。その意味で、「生命」、「心」の浄化《じょうか》、変革《へんかく》を説《と》く仏法の教えこそ、人類史を〝破壊《はかい》〟から〝創造《そうぞう》〟へ、〝悲惨《ひさん》〟から〝喜《よろこ》び〟へと転じゆく根本《こんぽん》の大法《だいほう》であり、〝新しい生命の哲学〟である。

――平2・1・21

*

人間というのは、やれば何《なん》でもできる。仏道修行《ぶつどうしゅぎょう》は、見栄《みえ》や虚栄《きょえい》を、かなぐり捨《す》てて、自《みずか》ら人々のなかに飛《と》び込《こ》み、自分の不得意《ふとくい》なところで頑張っていくところに、宿命《しゅくめい》の打開《だかい》ができる。避《さ》けよう、逃《に》げようという心は、本当の信心ではない。

——平5・6・26

*

仏法の精神は、「変毒為薬《へんどくいやく》」（毒を変じて薬と為《な》す）である。日蓮大聖人は厳然《げんぜん》と仰《おお》せである。「大悪《だいあく》をこ《起》れば大善《だいぜん》きたる」（御書一三〇〇ページ）と。〝信心〟があれば、大悪をも大善に変えられる。嘆《なげ》くべき不幸も、必《かなら》ず、前よりも大きな幸福に変えられるのである。これが妙法であり日蓮大聖人の仏法である。

——平5・8・8

*

信心を続けていけば、必《かなら》ず、清《きよ》らかな功徳《くどく》が、どんどん出てくるようになる。「一生成仏《いっしょうじょうぶつ》」といって、今世《こんぜ》で必ず宿命《しゅくめい》を転換《てんかん》できる。御本尊は、それだけの、すごい力《ちから》のある大良薬《だいりょうやく》であり、幸福への尊極《そんごく》の機械《きかい》であられる。だから今世の信心が大切である。どんなに苦《くる》しくても、今世を広宣流布に生きぬいて、一生成仏することである。そうすれば、必ず〝所《しょ》願満足《がんまんぞく》〟の自分自身となる。未来永遠《えいえん》にわたって、〝自在《じざい》〟の自分となる。

——平6・2・6

＊

人生には病気の時もある。行《ゆ》き詰《づ》まるときもある。さまざまな苦悩《くのう》がある。しかし、妙法を信じ、唱《とな》えぬき、広宣流布へと向かっていく人は、悩《なや》みを、より大きな幸福へと変えていける。苦《くる》しみを幸福への糧《かて》にしていける。ゆえに、その人のいるところは、何があっても〝寂光土《じゃっこうど》〟なのである。

——平6・3・20

第三章　広宣流布

広宣流布

一人《ひとり》から一人への無限《むげん》なる利他《りた》と対話の実践《じっせん》。この絶《た》えざる積《つ》み重《かさ》ねと連動《れんどう》に、永遠《えいえん》に広がりゆく広宣流布の方程式《ほうていしき》がある。

——昭62・10・11

＊

広宣流布という大目的に生きゆくかぎり、小さな成功や失敗に一喜《いっき》一憂《いちゆう》する必要はない。たとえ、今はいかなる窮地《きゅうち》にあろうとも、唱題根本《こんぽん》に広布への実践《じっせん》に励《はげ》んでいくならば、必《かなら》ずや、目の前のカべは開け、前進の実証《じっしょう》を示すことができる。そのための信仰である。

——昭63・1・15

＊

民衆を見くだす既成《きせい》の権威《けんい》や勢力《せいりょく》に対して、民衆自身が、ゆるぎない力《ちから》をもち、団結していかねばならない。その民衆自身の大変革《だいへんかく》運動こそ、広宣流布の運動である。そうでなければ、人類は永遠《えいえん》に悪《あ》しき権力の奴隷《どれい》である。これほどの不幸はないし、この宿命《しゅくめい》を何《なん》としても打《う》ち破《やぶ》っていかなければならない。そのために、壮大《そうだい》な民衆運動の波を、一波《いっぱ》から二波、三波へ、そして万波《ばんぱ》へと広げ、わが〝一滴《いってき》〟から永久の大河《たいが》へと流れをつくっていかなければならない。今、その長征《ちょうせい》の途上《とじょう》にある。少々の波風《なみかぜ》は、むしろ当然のことであり、誉《ほま》れである。信仰者としての信念で、どこまでも民衆のために、すべてを乗《の》り越《こ》えて、進んでいきたい。

――昭63・5・22

*

末法万年尽未来際《まっぽうまんねんじんみらいさい》にわたる、全世界への広宣流布は、御仏意《ごぶつい》であり、仏勅《ぶっちょく》である。この人類の希望の光《ひかり》だけは、何があろうとも絶対に断絶《だんぜつ》させてはならない。もし、邪悪《じゃあく》の魔《ま》の勢力《せいりょく》に負《ま》けて、ひとたび〝希望の光〟を断絶し、消《け》してしまえば、冷酷《れいこく》で残忍《ざんにん》な悪の世界は増長《ぞうちょう》し、人類は深い不幸の闇《やみ》につつまれてしまうのである。

――昭63・5・28

*

広布という大《おお》いなる理想に向かって進みゆく創価学会の運動は、物質文明の偏《へん》重《ちょう》によってさまざまな〝病《やまい》〟におかされつつある時代・社会に、〝蘇《そ》生《せい》〟と〝希望〟の曙光《しょこう》をもたらしゆく人間精神の挑《ちょう》戦《せん》の歩《あゆ》みである。ゆえに人類の未来を開くため、いかなる苦難《くなん》や障害《しょうがい》があろうと、この〝精神の戦い〟を止めるわけにはいかない。

――昭63・7・19

*

巨大《きょだい》なビルディングも、いつかは崩《くず》れる。しかし、妙法の世界で築《きず》かれたものは、永遠《えいえん》に崩れない。自分はもとより先祖、子孫《しそん》をも救《すく》い、そして人類の安穏《あんのん》と平和を実現していく広宣流布の運動こそ、もっとも価値《かち》のある、もっとも尊《とうと》い仕事である。

――昭63・6・17

*

「妙法広布」の大遠征《だいえんせい》は、日本一国などという小さな次元にはとどまらない。世界へ、全地球へ、さらには、はるかな全宇宙《ぜんうちゅう》をも包含《ほうがん》しゆく旅路《たびじ》である。また、きょうよりあすへ、そして尽未来際《じんみらいさい》へと、どこまでも広く深く、永遠《えいえん》に、前進を続けていけるのである。まさしく無《む》辺《へん》の仏法であり、壮大《そうだい》なる広布の遠征である。〝壮大なる心〟で〝壮大なる人生〟を、そして〝壮大なる歴史〟をもつくってほしい。

――昭63・8・19

*

人間というのは、一人《ひとり》一人じつに多彩《たさい》である。それを一人ももれなく、成仏《じょうぶつ》の道へと導《みちび》く広宣流布は、まことに至難《しなん》の大事業といってよい。その途上《とじょう》には、予《よ》期《き》せぬ事件もあろう。思わぬつまずきがあるかもしれない。しかし偉大《いだい》なものは、さまざまな波浪《はろう》を受け、さまざまな経験をしなければつくれない。未来を凝《ぎょう》視《し》しながら、すべてを達観《たっかん》し、堂々と、悠々《ゆうゆう》と前進していきたい。

――昭63・11・3

*

学会は、いわば人生の〝総合大学〟である。私が何度《なんど》も、長時間のスピーチを行い、仏法の話はもとより、広く世界の思想や歴史、人物等について話をさせていただいているのも、その意義《いぎ》からである。学会は、広宣流布というもっとも崇《すう》高《こう》な目的に向かって進む仏子《ぶっし》の集まりである。人間的にはもちろんのこと、知性《ちせい》や教養《きょうよう》も深めていくべきである。この学会の世界で、信心を根本《こんぽん》に、つねに勉強していくことである。学会員一人《ひとり》一人の、向上への着実な一歩一歩こそ、広宣流布の確《たし》かな発展をもたらしていくからである。

――平1・1・29

*

悪世末法《あくせまっぽう》という濁《にご》りに濁った社会、その至難《しなん》な舞台《ぶたい》で繰《く》り広《ひろ》げられる大《おお》いなる精神覚醒《かくせい》のドラマ、人間蘇生《そせい》のドラマこそ、広宣流布の運動である。

――平1・5・3

*

自分が今いる現実の場所。そこが、本《ほん》有常住《ぬじょうじゅう》の使命の地である。そこを離《はな》れて、どこか別の遠い所に憧《あこが》れていくような人生は、空虚《くうきょ》である。確《たし》かな価値《かち》を残《のこ》すこともできない。人生は現実である。

広宣流布も現実である。足元《あしもと》の現実の地域から広布は始まる。もっとも身近《みぢか》なところこそ、ある意味で、もっとも大変な地域ともいえる。そこから正法流布《しょうほうるふ》の着実な波を起《お》こし続けていく人が勇者《ゆうしゃ》である。

――平1・8・20

＊

広宣流布は、現実世界を舞台《ぶたい》としての、魔軍《まぐん》との熾烈《しれつ》な闘争《とうそう》の連続である。正法《しょうほう》の勢《いきお》いが弱まれば、それだけ魔の軍《ぐん》勢《ぜい》が勢いづいてしまう。ゆえに、現実のあらゆる局面《きょくめん》において、〝仏法は勝負〟との証《あかし》を示していかなければならない。闘争に闘争を重《かさ》ね、勝ちぬいていく以外にない。個人の幸福も社会の繁栄《はんえい》も、着実な広宣流布の発展も、そのうえにしか築《きず》かれていかないのである。

――平2・1・18

＊

私は現在、あらゆる機会《きかい》に、連続して渾身《こんしん》のスピーチを続けている。広宣流布の勝利のために、後世《こうせい》の盤石《ばんじゃく》な軌道《きどう》を築《きず》くために、毎回、真剣勝負の思いで語《かた》りぬいている。いかに非難《ひなん》や迫害《はくがい》を受けようと、この大目的のために喜《よろこ》んで命《いのち》をなげうとうとの決心である。語らなければ楽《らく》かもしれない。戦わなければ安穏《あんのん》かもしれない。しかし、それでは広布の勝利はない。広宣流布は壮大《そうだい》な精神闘争《とうそう》であり、知性《ちせい》の戦《いくさ》である。――平2・7・21

＊

学会員は皆、仏子《ぶつし》である。皆、広宣流布という未聞《みもん》の聖業《せいぎょう》を成《な》し遂《と》げゆく同志である。だれが偉《えら》いのでもない。だれが上で、だれが下というのでもない。皆が等《ひと》しく汗《あせ》を流し、皆が等しく守り合い、支《ささ》え合うなかで広布を建設してきた。また、今後ともそうあらねばならない。

――平2・12・3

＊

世界の民衆に妙法を弘《ひろ》め、絶対の幸福への道を開いていくことが広宣流布である。大聖人の御遺命《ごゆいめい》である。ゆえに、世界各国の人々が何を求めているのか、それにどう応《こた》えていくかが大事となる。これを忘れて、仏教についての知識のない人、あるいはそういう国に、いきなり仏法の言葉で一方的に語《かた》っても、人々の理解と納得《なっとく》は得《え》られない。いたずらに反発《はんぱつ》を招《まね》き、大聖人のお心に反《はん》することになりかねない。その意味で、ＳＧＩが世界に展開してきた広宣流布の行動、仏法を基調《きちょう》とした平和、文化、教育の推進《すいしん》が正しき道である。

――平2・12・24

＊

歴史上、民衆の〝創造《そうぞう》のエネルギー〟が一気《いっき》に高まる〝時〟がある。さまざまな条件が合致《がっち》して、大《おお》いなる建設の時期となる〝時〟があるものだ。広宣流布は万年の遠征《えんせい》である。それは当然のこととして、その大きな基盤《きばん》は、やはり一気につくっておかねばならない。今こそ、その時である。今こそ、万年への基礎《きそ》を完成させる時なのである。

――平3・1・19

＊

広宣流布は万年にわたる大事業である。世代から世代へ、強き信心の〝心〟を、永遠《えいえん》の「学会精神」を伝えつつ、完成させていかなければならない。後輩は、どんな立場になろうとも、先輩を大切にし、謙虚《けんきょ》に尊敬《そんけい》する。先輩は、後輩を心広々《こころひろびろ》と包容《ほうよう》しつつ、自分の体験と、学んだ学会精神を語《かた》っていく。そうした麗《うるわ》しい世代から世代へのリレーをお願《ねが》いしたい。学会二世、三世、四世、五世と、たゆまず、止まらず、人類のための力走《りきそう》を続けていきたい。

――平3・2・11

＊

世界の広宣流布には、〝英知の力《ちから》〟が不可欠《ふかけつ》である。普遍性《ふへんせい》のある哲理《てつり》と、豊かな知恵《ちえ》の両方があって初めて、多種多様《たしゅたよう》な民族・歴史・伝統をもつ世界の人々の心をとらえることができる。

——平3・2・14

＊

広宣流布の戦いは、さまざまな次元にわたる。御書に「一切法《いっさいほう》とは一切皆是《みなこ》れ仏法なり」（五四一ページ）とお示しのように、森羅万象《しんらばんしょう》ことごとく仏法の世界である。仏《ほとけ》の法の現《あらわ》れは決して局限《きょくげん》されたものではない。社会のいっさいの事象《じしょう》にあまねく通《つう》じ開かれている。学会が推進《すいしん》している、仏法を基調《きちょう》とした文化・平和・教育推進の運動は、全部この精神に基《もと》づいたものである。

——平3・2・17

＊

学会は、これまで一貫《いっかん》して〝一人《ひとり》の人を大切に〟〝一人の心を大切に〟と訴《うった》え、行動してきた。仏法を基調《きちょう》とする平和・文化・教育の運動を通して、〝人道《じんどう》〟に則《のっと》った〝慈愛《じあい》〟の波動《はどう》を、大きく社会に、世界に広げてきた。これが、大聖人の御《ご》精神《せいしん》を拝《はい》し、創価学会が開いてきた広宣流布の大道《だいどう》である。

——平3・4・10

＊

太陽がひとたび昇《のぼ》れば、全地球を照《て》らす。そのように、かりに一人《ひとり》であっても、赫々《かっかく》と輝《かがや》く太陽の仏法を持った人が、厳然《げんぜん》と信心をもって社会で活躍すれば、地域を照らし、闇《やみ》を打《う》ち破《やぶ》ることができる。広宣流布の世界は、おのずから広がっていく。ゆえに、あせる必要はない。胸中《きょうちゅう》の〝幸福の太陽〟を輝かせていくことが根本《こんぽん》であり、いっさいである。

――平3・6・8

＊

大聖人は、御書の随所《ずいしょ》で「音《こえ》も惜《おし》まず」（五〇四㌻）等と仰《おお》せである。これまでの学会の歴史も、「声を惜《お》しまぬ」実《じっ》践《せん》によって切り開かれてきた。唱題の声を根本《こんぽん》に、温《あたた》かい励《はげ》ましの声、粘《ねば》り強《づよ》い呼《よ》びかけの声、堂々たる主張の声、真剣な提案《ていあん》・協議の声、誓《ちか》いの声、喜《よろこ》びの歌声……等々。庶民《しょみん》と庶民が声をかけあって、正法《しょうほう》の波、新時代の波を一波《いっぱ》から万《ばん》波《ぱ》へとにぎやかに広げてきた。声援《せいえん》とは文字通り声による応援である。広布は庶民同士が互《たが》いの人生への声援を送り合ってきた、人生の〝声援運動〟〝かけ声運動〟といえる。そこには、さんざめき、沸《わ》き立《た》つような、あふれるエネルギーがある。

――平3・7・10

＊

焦《あせ》ってはならない
急いでもならない
ゆっくり着実に
同志の絆《きずな》を強めながら
社会への貢献《こうけん》を第一義に
明るく楽しく前進しよう
その広宣《こうせん》の水流《すいりゅう》は
時きたりなば
大河《たいが》となって大海《たいかい》に注《そそ》ぐだろう
その岸辺《きしべ》に恒河沙《ごうがしゃ》・無量《むりょう》の人々の
尊敬《そんけい》と信頼を集めつつ――。

――平4・2・8

＊

戸田先生は言われた。「追撃《ついげき》の手を、ゆるめるな」と。ご逝去《せいきょ》の直前であった。正法《しょうほう》を守り、広宣流布を進めるためには、悪侶《あくりょ》への追撃を、絶対にゆるめてはならない。妥協《だきょう》すれば、正法は滅《めつ》する――今も、これからも、永遠《えいえん》に忘れてはならない恩師《おんし》の遺言《ゆいごん》である。

――平4・9・9

＊

人間としての振《ふ》る舞《ま》いのなかに、仏法は脈動《みゃくどう》し、信仰の実証《じっしょう》が現《あらわ》れるのである。さわやかな、人として立派《りっぱ》な振る舞いこそ、正しい信仰の発露《はつろ》である。よき信仰者であるとともに、よき国民であり、よき市民であり、よき社会人であり、よき隣人《りんじん》であっていただきたい。その振る舞いによって、人々から賞讃《しょうさん》され、尊敬《そんけい》され、信頼される存在になってほしい。その信頼の輪《わ》が広く、深く、輝《かがや》かしく広がっていくところに広宣流布がある。

——平5・2・10

＊

大聖人は、御書のなかで、たとえ自分は信仰しなくとも、人が仏法を実践《じっせん》することを理解し、国に妙法が広まることを喜《よろこ》ぶ人は、それ自体が大きな仏縁《ぶつえん》となって、福徳《ふくとく》につつまれていく、という原理を示されている。この大聖人の御心に適《かな》っているのが会友運動である。万人《ばんにん》の生命の尊厳《そんげん》と平等を説《と》き明《あ》かしたのが仏法である。社会の人々と、お互《たが》いに尊敬《そんけい》しあいながら、生命に、そして友の生命に、美しい平和と幸福の花を咲《さ》かせてまいりたい。友人の拡大が仏縁の拡大であり、自他《じた》ともの幸福の拡大なのである。

——平5・2・28

＊

「世界を味方《みかた》にして、その力《ちから》で日本の広宣流布をも進めていく」——これが大聖人の方程式《ほうていしき》であられた。今、その方程式の通り、大聖人が教えられた通りに進んでいる。各国の指導者、文化人、そして民衆が、さまざまな形でSGIを支持し、顕彰《けんしょう》してくださる姿《すがた》、諸天《しょてん》の働《はたら》きをなしている姿——それ自体、SGIが時代即応《そくおう》に、御書の通りの正道《せいどう》を歩《あゆ》んでいる証左《しょうさ》である。

——平5・3・24

*

人類史は、民衆の犠牲《ぎせい》の歴史である。一人《ひとり》の勝者《しょうしゃ》の陰《かげ》に、万民《ばんみん》の悲劇《ひげき》があった。広宣流布は、戦った人すべてが幸福になる戦《いくさ》である。全員が勝者となるための前進である。

——平5・7・13

第四章　組　織

組織

いかなる社会、団体であれ、功労者《こうろうしゃ》が過去の功績《こうせき》にたよって居座《いすわ》っているような組織に、未来への発展はない。広布の組織においても、それは同じである。過去の功労や役職と信心とは、まったく別である。これまでいかに発展に貢献《こうけん》してきた功労の人であっても、むやみにいばったり、後輩を叱《しか》るような資格《しかく》はない。むしろ若き友のために広々と道を開き、広布の未来のために力《ちから》を尽《つ》くしていくのが、先駆者《せんくしゃ》の正しい道である。

——昭62・7・21

*

人の性格はさまざまであり、それぞれに特徴《とくちょう》がある。学会員もみな、個性豊かであり、決して一様《いちよう》ではない。性格というものはそう簡単《かんたん》に変わるものではないし、また多彩《たさい》な個々人がいるがゆえに組織としての力《ちから》も存分《ぞんぶん》に発揮《はっき》される。ゆえに、まず一人《ひとり》一人の性格と個性を正確に把握《はあく》していくことが大切である。そして、その個性が、広布の推進《すいしん》と前進の方向へ向かっていくよう、細《こま》かく配慮《はいりょ》し、丹念《たんねん》に激励していくことが肝要《かんよう》である。

——昭62・10・11

＊

全体が、リーダーの一望《いちぼう》のもとに、すべて妙法流布《るふ》へと連動《れんどう》しながら、心を合わせて進んでいる——。こうしたダイナミックな明るい組織こそ前進の組織といえよう。学会の組織は、支部であれ、地区であれ、一つ一つが大切な〝広布の城《しろ》〟である。しかし、それは、何層《なんそう》にも組み上げられた〝そびえ立つ〟ようなものではない。皆が、同じ次元に立ち、ともどもに経験を積《つ》みながら進んでいく、公平で平等な〝平城《ひらじろ》〟である。山頂《さんちょう》に高く〝そびえ立った〟山城《やまじろ》のような組織では、リーダーは結局《けつきよく》、下のほうが見えなくなり、〝死角《しかく》〟を作ることにもなりかねない。大御本尊のもとに、お互《たが》いがよく見えるような、明るい〝広布の城〟を、構築《こうちく》してまいりたい。

——昭62・10・20

＊

現代は情報化時代であり、スピード時代である。〝情報戦〟が社会の一実相《いちじつそう》である。この傾向《けいこう》は、ますます強くなっていくに違《ちが》いない。正確な情報を迅速《じんそく》に手に入れ、入念《にゆうねん》に検討《けんとう》し、的確《てきかく》な手をすばやく打っていく。その積《つ》み重《かさ》ねに、勝利が生まれる。学会が、ここまで発展したのも、そうした緻密《ちみつ》な〝連絡・報告〟とスピーディーな〝決断《けつだん》・実行〟があったからである。この原理は、企業をはじめ、あらゆる組織に通《つう》ずる。逆《ぎゃく》にもっとも恐《おそ》ろしいのは、不正確・不明瞭《ふめいりょう》な情報である。また、あいまいな処理《しょり》である。

――昭62・10・20

＊

学会は〝人間共和〟の世界である。信心を根本《こんぽん》に、皆、御本尊の前に平等である。またこれからの時代は、一人《ひとり》のリーダーの力《ちから》というよりも、ますます皆の力で、皆の意見を大切にしながら、〝合議《ごうぎ》〟と〝共和〟で進んでいく傾向性《けいこうせい》が強まっていくに違《ちが》いない。

――昭62・11・2

＊

異体同心《いたいどうしん》とは、たんに仲《なか》が良いとか、気が合うとか、そのような表面的次元の問題ではない。生命をかけて御本尊を信じ、何があっても大聖人様の御生命から離《はな》れない。どこまでもともに進んでいく。その不退《ふたい》の信心こそ、異体同心の心である。その信仰の一念と広布という目的が同じであるゆえに、同志であり、異体同心なのである。この同心の心が、何かあるごとに、ぐらついたり、ひるがえったりしたのでは、真実の同志ではない。また自身が人生の敗残者《はいざんしゃ》となってしまう。

――昭62・12・4

＊

成仏《じょうぶつ》は一人《ひとり》一人の修行《しゅぎょう》であり、努力による。他のだれをも頼《たよ》らず一人立って歩《あゆ》みきる覚悟《かくご》が必要である。組織や同志は、その個人の修行を励《はげ》まし、啓発《けいはつ》しあうという意義《いぎ》をもつ。あくまでも個人の成仏の完成を助ける補助《ほじょ》の役割《やくわり》である。そしてまさに、この補助の役割であるがゆえに重要なのである。

――昭62・12・12

＊

「一人《ひとり》を徹底して大切にする人間組織」の方向性を求めて、時代は刻々《こっこく》と動いていると確信する。また、そうした方向へとリードしていくことが、学会の使命である。その先駆《せんく》の存在こそ広布の組織であり、なかでも、とりわけ模範《もはん》となる組織を、各地域で見事《みごと》に築《きず》ききっていただきたい。

――昭62・12・12

＊

組織は〝人〟で決まる。〝広布の組織〟は、〝信心のある人〟によるのである。すぐれたパイロットが、多くの乗客を安全に、快適《かいてき》に目的地まで運《はこ》ぶことができるように、広布の組織は信心の深き人によってこそ、墜落《ついらく》も、爆破《ばくは》もない、正しく幸福に満《み》ちた〝飛行《ひこう》〟ができるのである。決して優秀《ゆうしゅう》な学校を出たとか、組織の運営能力《のうりょく》や弁舌《べんぜつ》がたくみであるからなどと錯覚《さっかく》してはならない。すべての根本《こんぽん》は中心者の信心の厚薄《こうはく》、浅深《せんじん》によることを、リーダーは忘れないでいただきたい。

——昭62・12・12

＊

もしも中心者に野心《やしん》があったり、嫉妬《しっと》や独《ひと》りよがりの感情で互《たが》いに反目《はんもく》したり、仲《なか》が悪かったりすれば、その組織はまことに不安定なものとなり、皆が自信をもって前進できなくなる。これほど恐《おそ》ろしいことはない。

——昭63・3・21

＊

組織は一つの生命体である。新陳代謝《しんちんたいしゃ》がつねに必要である。いつも若々しい活力と息吹《いぶき》を取り入れていかなければ発展しない。そのためにリーダーは、自《みずか》らが成長し、新鮮味《しんせんみ》をたもち続けていかなければならない。

——昭63・4・1

＊

〝信仰は個人的なもので、集団によるのではない〟と、集団を否定《ひてい》する人がいる。しかし、それはたんに個人の感情であって、仏法の生き方にのっとったものではない。やはり仏道修行《ぶつどうしゅぎょう》は、集《つど》い合《あ》ってこそ、その基本に徹《てつ》したことになる。その基本があって、成仏《じょうぶつ》への切磋《せっさ》琢磨《たくま》の修行が始まるといってよい。

——昭63・5・8

＊

組織にあって、互《たが》いを向上させゆく建設的意見はもちろん大切である。しかし、いたずらに感情に流され相手を傷《きず》つけるような言動《げんどう》は、厳《げん》に慎《つつし》まなければならない。それは団結を乱《みだ》すばかりか、魔《ま》の跳梁《ちょうりょう》を許《ゆる》し、和合僧《わごうそう》を破壊《はかい》することに通《つう》ずるからである。

——昭63・6・19

＊

かりに退転《たいてん》や反逆《はんぎゃく》の姿《すがた》を現《あらわ》していなくとも、組織上の立場やさまざまな権威《けんい》を利用し、庶民《しょみん》を蔑視《べっし》して、威張《いば》り、横暴《おうぼう》に君臨《くんりん》していく——そうした行為《こうい》そのものが、すでに五老僧《ごろうそう》に通《つう》じる〝悪《あく》〟であることを鋭《するど》く見ぬかなければならない。そして芽《め》のうちにつみとっておかなければならない。そうでなければ、いつしか組織のなかでガン細胞《さいぼう》のように広がり、その結果、本当にまじめで、純真《じゅんしん》な庶民が苦《くる》しんでしまう。指導者として、それは絶対に許《ゆる》すわけにはいかない。

——昭63・7・26

＊

一人《ひとり》の人が、心から納得《なっとく》すること。いつ、いかなる場合でも、これが組織の基本である。大きなかけ声だけで人を動かしてみせても、それで広布が進展《しんてん》していると考えたら、大きな錯覚《さっかく》である。それでは、決して長続きするものではないし、地についた発展の軌跡《きせき》は描《えが》けない。

――昭63・11・3

＊

学会の組織は「正《せい》」と「副《ふく》」の役職の人がおり、核《かく》となるコンビの人がいる。そうした立場の人たちが、同じ心で仲《なか》が良いところは、組織は強いし、地域広布の進展《しんてん》も目覚《めざ》ましい。それがなくなると、どうしても魔《ま》の働《はたら》きにそのスキをつかれて、組織が乱《みだ》され、信心のみずみずしい前進もなくなってしまうのである。

――昭63・11・3

＊

正しき信心の大道《だいどう》は、つねに励《はげ》まし合《あ》い、たたえ合いながら、一生成仏《いっしょうじょうぶつ》と広宣流布へ進んでいくことである。それが自《じ》他《た》ともの幸福につながる。異体《いたい》を同心《どうしん》とする、強く温《あたた》かい心と心の共鳴《きょうめい》が、一人《ひとり》のみの信心よりも、大きく福徳《ふくとく》の世界を開いていくのである。

――平1・6・8

＊

あらゆる人の意見を〝聞く〟耳をもつことである。多くの人たちの意見を聞き、分析《ぶんせき》し、次の進むべき道を探《さぐ》る。競争に生《い》き残《のこ》り、発展している組織は、これを欠《か》かしていない。いいかえれば、つねに勉強し続ける「謙虚《けんきょ》さ」を失《うしな》わないということである。これらを持続《じぞく》できた人や団体こそ、〝時代の勝者《しょうしゃ》〟となっていけることを忘れてはならない。

――平1・7・27

＊

人間も、団体も、その〝原点〟、根《ね》っこに通《つう》じる道をなくしたら、もうエネルギーは出ない。どんなに立派《りっぱ》そうな格好《かっこう》を見せたとしても、もはや未来はない。死んだ火山のごとく、形骸化《けいがいか》し、風化《ふうか》していく。行《ゆ》き詰《づ》まったり、堕落《だらく》してしまった団体の、ほとんどは、この一点が要《よう》因《いん》である。そうならないためには、〝原点への道〟〝原点からの道〟を永遠《えいえん》に閉《と》ざしてはならない。大聖人の仏法は「本《ほん》因妙《いんみょう》」の仏法である。つねに本源《ほんげん》の出発点に立《た》ち戻《もど》り、そこから新《あら》たに前進を開始する。この、繰《く》り返《かえ》しのなかに、妙法の正しきリズムにかなう道がかぎりなく広がっていくに違《ちが》いない。

――平1・7・27

＊

第一線の人、その地域の人、長い活動体験を積《つ》んできた人。そうした方々の意見に徹底して耳を傾《かたむ》け、最大に尊重《そんちょう》していかなければならない。足を運《はこ》び、耳をすまし、考えぬく努力が不十分《ふじゅうぶん》で、いかに会議や打ち合わせを重《かさ》ね、さまざまな企画《きかく》を立てても、効果《こうか》は生まれない。それどころか、的《まと》はずれの〝机上《きじょう》の空論《くうろん》〟となり〝観念《かんねん》の遊戯《ゆうぎ》〟となっては、むしろマイナスである。人々を苦《くる》しめてしまう。その罪《つみ》は大きい。「現場を大切にしたところが勝つ」——これはいかなる組織、いかなる企業、団体でも不変《ふへん》の鉄則《てっそく》である。

——平1・9・24

＊

異体同心《いたいどうしん》のところは強い。団結もなく〝烏合《うごう》の衆《しゅう》〟のような組織では、敗北《はいぼく》となる。一人《ひとり》一人が力《ちから》を十分《じゅうぶん》に発揮《はっき》し、それらの力が凝縮《ぎょうしゅく》し、連鎖《れんさ》反応《はんのう》を起《お》こしていけば強大《きょうだい》な力となる。

——平1・10・15

＊

人をうまく動かす人を見て〝あの人は力《ちから》がある〟〝人材だ〟という人もいる。だが、根本《こんぽん》の「信《しん》・行《ぎょう》・学《がく》」を無視《むし》して、要領《ようりょう》よく組織や人を動かし、それをもって、広布の人材と考えることは、大《おお》いなる誤《あやま》りである。そういう人は、必《かなら》ずといってよいほど、人を人間として見なくなり、組織の上にあぐらをかくようになる。そして、みずみずしい信心を失《うしな》って、堕落《だらく》と退転《たいてん》の道を歩《あゆ》むことになる。ゆえに〝人を使《つか》う〟ことだけがうまい幹部であっては絶対にならない。

――平1・10・24

＊

学会は、真に人間を錬磨《れんま》し、変革《へんかく》しゆく大地である。そのリーダーは、決して〝組織悪《あく》の指導者〟であってはならない。どこまでも〝仏法と信心の指導者〟として、自《みずか》らを鍛《きた》えぬいていただきたい。組織上の役職でも、社会的な地位でもない。一人《ひとり》の人間として、どれほど偉大《いだい》であるか。どれほど豊かな慈愛《じあい》の心の指導者であるか。これこそが肝要《かんよう》である。

――平1・11・18

＊

無責任《むせきにん》な〝やとわれ根性《こんじょう》〟や、また、でき上がった結果に安住《あんじゅう》する、保身的《ほしんてき》な〝権威《けんい》主義〟が、はびこり始めれば、もはやほろびの坂である。そこでは、全体の発展が目的ではなく、自分の栄達《えいたつ》、名《みょう》利《り》が目的となり、団体を手段《しゅだん》にしているからである。それでは、獅子《しし》の身中《しんちゅう》に入り、その肉を食《く》らって生きる虫の存在にほかならない。獅子である学会には、断《だん》じて、こうした悪《あく》を許《ゆる》してはならない。戦わなければならない。悪と戦わない人は、自分自身が悪の病原菌《びょうげんきん》に負《ま》けてしまう。信心を毒《どく》し、生命の〝病《やまい》〟になってしまう。

——平1・12・28

*

リーダーが、肩書《かたがき》ではなく、謙虚《けんきょ》に本《ほん》物《もの》の力《ちから》を磨《みが》かなければ、〝組織悪《あく》〟になってしまう。大きく発展するほど、その弊害《へいがい》も大きくなる。これは、どこの団体でも同様である。よい意味での能力主義、また厳《きび》しい結果主義が基本になってこそ、組織の活性化《かっせいか》がある。学歴、学閥《がくばつ》、閨閥《けいばつ》、情実《じょうじつ》主義、年功序列《ねんこうじょれつ》主義などに侵《おか》されれば、動脈硬化《どうみゃくこうか》の恐竜《きょうりゅう》のようなものである。

——平1・12・28

*

花は、〝冬〟を乗《の》り越《こ》えて咲《さ》く。人間も広布の組織も、〝難《なん》〟を経験し、〝耐《た》えること〟を知ってこそ伸びていくのである。

——平2・4・29

*

人間だれしも、うぬぼれがある。どうしても自分に甘《あま》くなりがちである。ものごとを簡単《かんたん》に考えてしまう。特に組織においては、できあがった組織の力《ちから》を自分の力と錯覚《さっかく》して、実力もないのに、自分が偉《えら》くなったかのように傲《おご》ってしまう。ここに大きな落《お》とし穴《あな》がある。先輩が、どれほどの苦心《くしん》と努力の汗《あせ》また汗を流しきって勝ってきたか。そのことを自《みずか》らの苦労で身《み》にしみて知らなければならない。——平2・7・8

＊

大きな単位《たんい》のみに注意を向けていると、どうしても指示《しじ》や伝達《でんたつ》が中心となり、信心の息吹《いぶき》や感動が薄《うす》れていく。いつしか惰性《だせい》になりがちである。一人《ひとり》一人の人間よりも、組織という機構《きこう》だけに目がいってしまう。それでは、悪《あ》しき組織主義となる場合がある。指導主義、人間主義ではない。——平2・11・7

＊

改革《かいかく》がないところに進歩はない。伝統だけでは、どうしても行《ゆ》き詰《づ》まり、硬直《こうちょく》化《か》してしまう。また、つねにフレッシュな改革を重《かさ》ねてこそ、伝統も生かされていく。そこに新しい人材も育《そだ》ってくるし、折伏も進んでいく。そして、大勢《おおぜい》の人に喜《よろこ》びを与えられるのである。

——平2・12・16

＊

「何《なん》のため」という目的観を忘れる。

「実際に働《はたら》いた人に感謝する」という道《どう》理《り》を忘れる。そこに組織が、権力悪《あく》に侵《おか》され、人間を抑圧《よくあつ》する〝悪〟として機能《きのう》するに至《いた》る落《お》とし穴《あな》がある。組織のために人間がいるのではなく、人間のために組織がある。この原点を現実化するには、いかなる圧迫《あっぱく》にも揺《ゆ》るがず信念を貫《つらぬ》く〝個人〟の確立《かくりつ》と、どこまでも人間を尊敬《そんけい》し、献身《けんしん》する人間主義が必要となるであろう。組織は「人間」に始まり、「人間」に終わる。

——平3・4・12

*

〝正法《しょうほう》の和合僧《わごうそう》〟を心血《しんけつ》を注《そそ》いでつくっている。恩師《おんし》が「戸田の命《いのち》よりも大事」といわれた〝広宣流布の組織〟を営々《えいえい》とつくってきた。御本尊を根本《こんぽん》に、御本仏の御遺命《ごゆいめい》のままに、歴代会長をはじめ幾《いく》百万の尊《とうと》き庶民《しょみん》が、地涌《じゆ》の闘士《とうし》が、全人生をかけてつくり上げた〝妙法流布《るふ》の宝城《ほうじょう》〟である。生命を削《けず》った辛苦《しんく》の結晶《けっしょう》である。また全人類の希望である。それを、だれ人であれ、破壊《はかい》することは極悪《ごくあく》の所業《しょぎょう》である。そうした策動《さくどう》を前に、黙《だま》っていることは、絶対にできない。

——平3・6・1

*

いずこの世界であれ、組織が大きいほど、また整備《せいび》されるほど、〝形式主義〟

と〝事《こと》なかれ主義〟が横行《おうこう》する。多くの場合、そこから組織の衰退《すいたい》が始まる。大切なことは、前進することである。つねに前へ、また前へと、進み続けることである。そのたゆまざる歩《あゆ》みのなかにのみ、組織の真の安定はある。前進を忘れた組織は、それがいかに安定しているようにみえても、発展への鼓動《こどう》はない。はつらつたる喜《よろこ》びはない。

――平3・7・14

＊

組織には、自由闊達《かったつ》にものが言える雰《ふん》囲気《いき》が大事である。感情的な議論《ぎろん》ではなく、何《なん》でも語《かた》り合《あ》う風通《かぜとお》しの良さが、絶対に必要である。会員が意見を言いにくい、重苦《おもくる》しい圧迫感《あっぱくかん》を与える幹部であってはならない。人を抑《おさ》えつける独裁《どくさい》は仏法の精神と正反対《せいはんたい》である。

――平3・8・19

＊

人間を信じて人間が集《つど》う。その輪《わ》がしだいに広がっていく――これが、学会の発展であった。そこには、だれが上とか下とか、差別《さべつ》はない。むしろ、社会で多くの差別があろうとも、学会にくれば何《なん》の隔《へだ》たりもなくなる。平等の世界である。だから世界的にも広がった。じつは、これが仏法の本来《ほんらい》の組織のあり方である。釈尊《しやくそん》の時代も、釈尊という「人」を信じて、その〝人〟と〝法〟に人々は集い、平等な人間集団が広がっていった。釈尊が亡《な》くなったあと、組織のための組織という側面《そくめん》が出てきて、権威《けんい》主義や硬直化《こうちよくか》、また、その正当化《せいとうか》の理屈《りくつ》が生まれていったと、概略《がいりやく》、見ることができる。学会もまた人間主義である。そのうえで、特に近代は〝組織の時代〟であり、組織化されない運動は必《かなら》ず崩《くず》れていく運《うん》命《めい》にある。ゆえに学会は、どこまでも〝人間的組織〟をつくることに挑戦《ちようせん》しながら、民衆運動を進めてきたのである。

――平4・4・5

＊

特権階級《とつけんかいきゆう》ができれば組織は権力化し、腐敗《ふはい》する。指導者は、第一にも第二にも公平でなければならない。いかなる意味でも〝閥《ばつ》〟ができれば、崇高《すうこう》な目的に進む団結は不可能である。

――平4・4・9

＊

一般的に、組織は一つの器《うつわ》といわれる。上が下を抑《おさ》えつける組織は、器が伏《ふ》せられ、下を向いているようなものである。あるいは、蓋《ふた》で覆《おお》っている状態に似《に》ている。新しいものは、何も入らない。

一見《いっけん》、まとまりがあるように見えて、中は暗《くら》く、発展性は、もはやない。むしろ上の人が、皆を下から支《ささ》える――それが器としての組織の本来《ほんらい》の形である。そうすれば、器は広々と明るい。さまざまなものを載《の》せられる。さまざまな人々をつつむことができる。　――平4・8・31

＊

組織がなければ、一人《ひとり》で正しい信心を貫《つらぬ》くことは、きわめて難《むずか》しい。大聖人の教団《きょうだん》も、現代的にいえば広宣流布の組織である。釈尊《しゃくそん》も組織をつくった。社会も組織、人間の体《からだ》もみな、組織である。そして学会の組織は、全員がつねに伸び伸びと、それぞれの使命を果《は》たしゆくための組織なのである。　――平5・3・14

＊

青年が育《そだ》ち、伸びている団体・組織には、停滞《ていたい》はない。豊かな未来性と、発展の活力《かつりょく》がみなぎっている。学会は、つねに青年を育て、広布の責任を託《たく》してきた。だからこそ、大発展した。支部や地区でも、青年を愛し、大切にしているところは人材も育っているし、組織も伸びている。　――平5・4・3

＊

どんな立派《りっぱ》なことを言っても、また、

どんなに力《ちから》があったとしても、リーダー同士の仲《なか》が悪かったならば、だれも納得《なっとく》しないし、どんな努力も結実《けつじつ》しない。皆が、かわいそうである。リーダー同士の異《い》体《たい》同心《どうしん》。その〝信心根本《こんぽん》の団結〟にこそ、仏界《ぶっかい》の力《ちから》は脈動《みゃくどう》する。どんなことがあっても、仲良く、お互《たが》いの意見に耳を傾《かたむ》け、尊敬《そんけい》しあっていくべきである。

――平5・12・1

*

社会的・世界的に〝女性の時代〟である。仏法の本義《ほんぎ》も男女平等である。また男性主導《しゅどう》だと、官僚《かんりょう》主義になる危険《きけん》がある。その意味で、もっと女性の意見を反《はん》映《えい》させた組織でなければならない。女性の意見には、多くの真実がある。女性本《ほん》来《らい》のみずみずしい信心、感性《かんせい》を生かしてこそ、広宣流布の創造的《そうぞうてき》な発展がある。

――平6・4・17

団結・調和

「団結」の心なくして、人間としての成長も飛躍《ひやく》もない。麗《うるわ》しき同志との〝絆《きずな》〟なくして、個人の幸《しあわ》せもない。一人《ひとり》一人が立派《りっぱ》な信心即《そく》生活の姿《すがた》を示しながら、社会での大成《たいせい》の道を歩《あゆ》めるか否《いな》かも、「団結」が大切なカギとなっているのである。

——昭62・10・20

＊

「団結」は、広布への活動のいっさいの基本であり、鉄則《てっそく》である。団結という回転軸《かいてんじく》なくして、前進の力《ちから》は生まれない。どんな活動であっても、心と心が通《つう》じあい、強固《きょうこ》な信頼の〝絆《きずな》〟さえあれば、その活動はかぎりなく楽しく、無限《むげん》の力が出てくる。

——昭62・10・20

＊

信頼の心と心で結《むす》ばれた、異体同心《いたいどうしん》の団結。ここに、戸田先生の心があり、学会精神の真髄《しんずい》があった。幹部であっても、いつのまにか信心を忘れ、妙法の正《せい》道《どう》をはずれていった退転《たいてん》の徒は、この先生の深い心がわからなかった。ゆえに、信仰の年数を増《ま》すとともに、徐々《じょじょ》に〝慢《まん》〟の心が高《こう》じて、信心が手前勝手《てまえがって》となり、麗《うるわ》しい団結の心をなくしていったのである。

――昭63・3・12

＊

広宣流布というもっとも崇高《すうこう》な目的に生きる学会の世界は、どこまでも互《たが》いに守り合い、励《はげ》ましあい、補《おぎな》い合っていくべきである。その温《あたた》かく広々とした心があったからこそ、今日の学会の発展を築《きず》くことができた。同志をライバル視《し》して妬《ねた》んだり、活躍を祈りたたえる心を失《うしな》ってしまえば、それはもはや信心とはいえない。また先輩として、伸びていく人をおさえつけたり、いじめたり、自分のために利用してはならないし、〝ヤキモチ〟〝嫉妬《しっと》〟の生命に支配された醜《みにく》い姿《すがた》であってもならない。それは、これまでのほとんどの退転者《たいてんしゃ》に共通する姿でもある。

――平1・2・14

＊

不幸と悲惨《ひさん》から人類を守るための〝広布の長城《ちょうじょう》〟を築《きず》いている学会は、一人《ひとり》一人が力《ちから》を合わせ、協調《きょうちょう》しあい、連帯《れんたい》の絆《きずな》を世界に広げながら、一歩一歩、着実に広布の聖業《せいぎょう》を成《な》し遂《と》げていかなければならない。

――平1・2・20

＊

歯車《はぐるま》がかみ合わなければ、いくらエン

ジンを回転させても、力《ちから》は伝わらない。いかに弓《ゆみ》をふり絞《しぼ》っても矢を別の方向に向けてしまえば、的《まと》に命中《めいちゅう》するはずがない。いくら送信機《そうしんき》で信号を送っても、受《じゅ》信機《しんき》の波長《はちょう》が狂《くる》っていれば通《つう》じない。すべて道理《どうり》である。中心者に心が合わなければ、全体はもちろん、個人の力も発揮《はっき》されない。自分勝手《かって》な心と振《ふ》る舞《ま》いは、しだいに形式となり権威《けんい》となる。また保《ほ》守《しゅ》となり、停滞《ていたい》となっていくからだ。一《いっ》見《けん》、頑張っているようでも、結果が実《みの》らない。効果《こうか》が出ない。それは、中心に心が合わず、いっさいが「空《そら》に家を作る」ように空転《くうてん》している証左《しょうさ》である。

――平1・9・15

*

一人《ひとり》一人の「個人」は、小さな存在かもしれない。しかし、それぞれが成長しながら、連帯《れんたい》と信頼の輪《わ》を結《むす》んでいくとき、個々の力《ちから》は絶大《ぜつだい》なパワーとなり、信じられないような爆発力《ばくはつりょく》となっていく。

ゆえに、団結が大切である。とともに、それ以上に〝最初の一滴《いってき》〟が大切なのである。〝最初の一滴〟がなければ、連帯も、拡大も決して生まれないからである。

――平1・12・20

*

いかなる団体にせよ、志《こころざし》を同じくす

る同志の集《つど》いは強い。この〝同志の心〟がみなぎっているかぎり、それが隆盛《りゅうせい》への熱《あつ》きエネルギーとなる。

——平1・12・28

*

学会は絶対に官僚《かんりょう》主義になってはならない。永遠《えいえん》に、ただ広宣流布を目的とする同志と同志の、団結の姿《すがた》でなければならない。そこに、学会の永遠の発展がある。皆で円陣《えんじん》を組むようにすれば、あらゆる角度を向き、しかも、あらゆる人が第一線である。「軍《ぐん》」という字は、本来《ほんらい》、「車」の円形《えんけい》をさらに囲《かこ》んだ姿を表《あらわ》す。円陣は、あらゆる陣形の基本をなし、もっとも強い形ともいわれている。また、最高の経《きょう》は円教《えんきょう》とも呼《よ》ばれ、「円」は完全《かんぜん》無欠《むけつ》を表すのである。

——平1・12・28

*

口《くち》に異体同心《いたいどうしん》を唱《とな》えながら、もっとも大切な仏子《ぶっし》を下に見、そのけなげさ、真剣さをよいことに、利用するだけ利用し、社会的地位を得《え》たり、自分は楽《らく》をしようというのでは、そこにはもはや信心のかけらもない。権力の魔性《ましょう》に敗《やぶ》れた姿《すがた》である。創価学会は永遠《えいえん》に、「異体同心」という広布と信心の要諦《ようてい》を忘れてはならない。また、仏子を利用しようとする悪《あく》を見破《みやぶ》り、打ち破っていかなければならない。

——平2・1・8

*

いかなる時代、いかなる組織や団体においても、中心となるリーダーが心を一つに合わせて団結していくとき、皆が持てる力《ちから》を存分《ぞんぶん》に発揮《はっき》し、個性や能力を伸ばしながら、勝利へと進んでいけるのである。

——平2・9・18

*

夫婦《ふうふ》、親子の関係はもちろん、社会や世界においても、調和《ちょうわ》が極《きわ》めて重要である。それぞれが特色を保《たも》ちつつも、大きく調和していくこと——仏法でも、調和の価値《かち》の大きさを説《と》いている。

——平2・10・4

*

多様性《たようせい》は一つの力《ちから》である。多様な人々のチームワークが創造性《そうぞうせい》を生み、団結が柔軟《じゅうなん》な知恵《ちえ》を生む。そして、多様な個性の総合による創造的な運動こそ、多くの民衆の心をとらえ、大きな波を起《お》こしていくことであろう。ゆえに自由ほど尊《とうと》いものはなく、団結ほど偉大《いだい》なものもない。

——平2・10・31

*

学会員は皆、広布の同志である。ゆえに何があっても仲良《なかよ》く、「苦楽《くらく》ともに思い合《あわ》せて南無妙法蓮華経」（御書一一四三ページ）の信心で進みたい。この団結の前進にこそ「世界広宣流布」を教えられた御本仏の御精神《ごせいしん》にかなった姿《すがた》がある。

――平3・1・18

＊

戦いは勢《いきお》いである。孤独《こどく》になっては勢いは出ない。ますます心が沈《しず》んでしまう。これまでも連携《れんけい》をとれない、また連絡をとらない人の多くは、退転《たいてん》し堕《お》ちていった。大変なときこそ、互《たが》いに声をかけあい、励《はげ》まし、ほめたたえあう――そこに勢いが生まれる。愉快《ゆかい》になる。爽快《そうかい》になる。明朗《めいろう》になる。勝利へのリズムが生まれる。

――平3・12・15

＊

同志は妙法の〝兄弟〟である。ある意味で、肉親の兄弟以上の、永遠《えいえん》の兄弟である。決して〝不和《ふわ》〟などあってはならない。「団結」こそが、広宣流布の力《ちから》である。仲良《なかよ》き「団結」のなかに、妙法は生き生きと躍動《やくどう》する。大功徳《だいくどく》も現《あらわ》れるのである。

――平4・8・31

＊

勝利のカギは、何《なん》といっても団結であ

る。〝団結していこう、仲良《なかよ》くしていこう〟という人は、生々《しょうじょう》世々、皆から守られる福徳《ふくとく》の人となる。団結を破《やぶ》る人は、結局《けっきょく》は、自分の福運《ふくうん》を破っている。

——平4・10・2

＊

兄弟も、夫婦《ふうふ》も同様であるが、広布の組織においては「仲《なか》が良い」ことが一番大切である。「仲良くしていこう」と思える人は幸《しあわ》せである。「仲良くしていこう」と心を配《くば》り、行動していける人は立《りっ》派《ぱ》である。心がきれいであり、豊かな人である。反対に、仲良くなれない人、楽しい団結を壊《こわ》す人——怨嫉《おんしつ》の人は、心が狭《せま》く、暗《くら》い。そういう人は、どこにいても同じように振《ふ》る舞《ま》う。家庭でも、世間《せけん》でも、皆から嫌《きら》われていくものである。

——平5・10・1

役職

支部長、支部婦人部長は、第一線の友にとって、もっとも大切な依怙《えこ》依託《えたく》の存在である。ゆえに「あの支部長の信心の励《はげ》ましで、自分の人生が決まった」「あの婦人部長の真心《まごころ》の激励で、私の〝幸福の大道《だいどう》〟への歩《あゆ》みが決まった」といわれ、讃嘆《さんたん》される一人《ひとり》一人であっていただきたい。私も、青年部当時は、班長も務《つと》めた。また支部長代理にも就《つ》いた。一つ一つの役職を全《まっと》うし、それぞれの立場で全力を尽《つ》くしながら、今日まで進んできたつもりである。今おかれた立場で、自《みずか》らの使命に全魂《ぜんこん》をそそいでいく――これが、まことの信心であり、幹部としてもっとも大切な姿勢なのである。

――昭62・10・11

＊

〝自分は幹部だから〟〝役職が上だから〟後輩の言うことを聞く必要はない、などというのは本末転倒《ほんまつてんとう》である。どこまでも信心が根本《こんぽん》である。組織上の立場をすべての基準《きじゅん》とする生き方は、正しき信心の姿勢ではない。

――昭63・6・21

＊

役職は、あくまで一次元の方便《ほうべん》であり、信心こそ肝要《かんよう》なのである。それを勘違《かんちが》いして、人事《じんじ》のたびに一喜《いっき》一憂《いちゆう》したり、慢《まん》心《しん》や妬《ねた》みを抱《いだ》くようでは、あまりに浅《あさ》はかである。それでは、せっかく途中《とちゅう》まで成仏《じょうぶつ》の軌道《きどう》を歩《あゆ》みながら、自身の卑《いや》しい心ゆえに、結局《けっきょく》はその軌道を踏《ふ》みはずしてしまうことになってしまう。

――昭63・8・19

*

私も地区部長（当時・地区委員）、支部長代理を経験した。男子部では、班長も部隊長もやった。教学でも助師、講師と務《つと》めてきた。戸田先生は、決して私を、一気《いっき》に高い役職につけることはされなかった。それは、組織の第一線で、一つ一つきちんと戦っていくことが基本であり、その地道な活動のなかでこそ信心は磨《みが》かれ、深められていくことを教えようとされたからである。

――平1・9・15

*

いかなる幹部であっても、それが名前だけであり、無責任《むせきにん》であれば、むしろ罪《つみ》をつくってしまう。いわんや信心を利用し広布の組織を利用して、自身の名利《みょうり》を得《え》ようとするなど、その心自体がすでに地獄界《じごくかい》の心である。広宣流布への責任をもって、ある時は苦《くる》しみ、悩《なや》みながら、労《ろう》を惜《お》しまず、色心《しきしん》を燃《も》やし、用《もち》いていく。それは確《たし》かに大変であるけれども、責任が大きい分《ぶん》だけ、生命の中に仏種《ぶっしゅ》が大きく育《そだ》ち、豊かに爛熟《らんじゅく》していくのである。三世《さんぜ》永遠《えいえん》にわたる「不壊《ふえ》の幸福」の当体《とうたい》になっていく。ゆえに中途半端《ちゅうとはんぱ》であってはならない。不惜身命《ふしゃくしんみょう》が信心の骨髄《こつずい》である。その真の「信伏随従《しんぷくずいじゅう》」によって、生命を妙法に染《そ》めきっていってこそ、成《じょう》仏《ぶつ》という無限《むげん》の大功徳《だいくどく》がある。

——平1・10・15

*

学会の役職等は、ある意味で仮《かり》の姿《すがた》である。その人の偉《えら》さと幸福を決めるのは、当人《とうにん》の生命の「力《ちから》」であり、広宣流布への「信心」である。何《なん》の栄誉《えいよ》も、脚《きゃっ》光《こう》も求めず、黙々《もくもく》と〝わが広布の砦《とりで》〟を守って生きぬいてきた人々が全国、全世界に、たくさんいらっしゃる。有名でもない、大幹部でもない、華々《はなばな》しい活躍の姿もないかもしれない。ただ法のため、友のため、地域のために、光《ひかり》の当たらぬ場所で、くる日もくる日も、心をくだき、足を運《はこ》び、〝砦〟の守り手として生きてきた。愚直《ぐちょく》なまでの私心《ししん》なき信心の姿である。そういう人々の力で、今日の世界的な学会がある。大聖人の正法《しょうほう》の興隆《こうりゅう》がある。このことを、だれ人も永遠《えいえん》に忘れ

てはならない。　――平1・11・12

＊

学会の幹部でいえば、役職も何も捨《す》てた、裸一貫《はだかいっかん》の信仰者として、どれだけ「人格《じんかく》」と「力《ちから》」が光《ひか》っているか。「信力《しんりき》」「行力《ぎょうりき》」、「教学力」「指導力」、社会常識、信心即《そく》生活の現実の姿《すがた》。そして何より、どれだけ真剣に広布に尽《つ》くし、法に尽くし、仏子《ぶっし》に尽くしているのか。人と会うときも、役職等をかなぐり捨てた、一個の自分として大誠実《だいせいじつ》で接《せっ》するべきである。その時に、真の迫力《はくりょく》、説得力《せっとくりょく》、明快《めいかい》さが必要となり、鍛《きた》えられてくる。自分の本当の力が磨《みが》かれる。ゆえに、役職等が安易《あんい》に通用《つうよう》しない外交戦《がいこうせん》を重《かさ》ねることが不可欠《ふかけつ》の修行《しゅぎょう》となる。地道な弘教《ぐきょう》、家庭指導をしていない人は、どんなに組織の表面で華《はな》やかに目立っていようとも、やがて人々の信頼を失《うしな》っていくであろう。何より自分自身の人生が行《ゆ》き詰《づ》まっていくに違《ちが》いない。　――平1・12・28

＊

役職が上がるのは、「いばる」ためでは断《だん》じてない。よりいっそう、「会員を守る」ためである。また、より強く「仏《ぶっ》敵《てき》と戦っていく」ためである。ゆえに「戦えない」臆病《おくびょう》な人間であっては、リーダーとはいえない。たとえ役職があっ

ても、それは「形式」であり、〝信心〟ではない。そして成仏《じょうぶつ》は、ただ〝信心〟で決まる。　――平4・8・24

*

組織に役職があるのは、成仏《じょうぶつ》という絶対の幸福へと、一人《ひとり》もれなく、まっしぐらに前進するためである。皆が安心し、希望をもち、伸び伸びと信心し、成長していくためである。強い団結をもって、民衆の幸福を妨《さまた》げる魔《ま》との戦いに、ことごとく勝利するためである。その意味で、妙法を教えて「人を幸福にする」ことこそ目的であり、組織や役職は、そのための手段《しゅだん》である。　――平5・12・1

*

役職がどうあろうと、家庭にあっては、どこまでも親は親であり、子どもは子どもである。兄は兄であり、弟は弟である。夫《おっと》には夫の務《つと》めがあり、妻には妻の使命がある。家庭には家庭のルールがある。会社でも自分の立場で使命を果《は》たさなかったら、相手にされない。どんなに〝自分は学会の部長だ〟〝支部長だ〟と威張《いば》っても、会社には会社のルールがある。当然のことである。信仰しているゆえに、他の人よりも「よき社会人」として輝《かがや》く。それが本当である。家庭でも、根本《こんぽん》は同じである。信仰しているがゆえに「よき父」「よき夫」となる。「よき母」「よき妻」となる。「よき娘」「よき息子《むすこ》」となっていく。そう努力し、向上していく。その「振《ふ》る舞《ま》い」に信仰の実質《じっしつ》がある。

――平5・12・16

人材

巣立《すだ》ちゆこうとする小鳥は、森も空も雲も雨も、みな悩《なや》みと感じるかもしれない。小さな胸《むね》は不安と恐《おそ》れでいっぱいであるに違《ちが》いない。しかし、雄々《おお》しく育《そだ》った大鳳《おおとり》にとっては、それらは何《なん》の悩みでも恐れでもなくなる。人間も、人生もまた同じである。ゆえに大切なのは、自分自身が大鳳へと成長することである。自《みずか》らを鍛《きた》え、自らを磨《みが》き、自ら学《まな》びゆくことである。その要《かなめ》の一点を避《さ》けて、他人の姿《すがた》に惑《まど》い、また環境《かんきょう》を嘆《なげ》いても、真実の人生の完成もなければ勝利もない。むしろ悩みは深まるばかりであろう。

——昭63・1・15

＊

「無学《むがく》は闇《やみ》、学《がく》は光《ひかり》」とは、牧口先生がよく口《くち》にされていた言葉の一つである。御書を学《まな》ぶとともに、世間《せけん》のすべての道理《どうり》を学んでいくことが、自分自身の力《ちから》を輝《かがや》かせていく源《みなもと》となる。また、仏《ほとけ》の別名を「世雄《せおう》」というが、仏法を持ったリーダーは、社会にあっても力ある人材として活躍していかねばならない。

——昭63・3・1

＊

たいていの植物はそうであろうが、手《て》入《い》れを怠《おこた》ると姿《すがた》も悪くなり、伸びるものも伸びなくなってしまう。〝人材育成〟も同様である。放任《ほうにん》しておいて、自然のうちに育《そだ》つものでは決してない。リーダーは、全組織を、また一人《ひとり》一人を、丹念《たんねん》に愛情込《こ》めて見守《みまも》り、全力を注《そそ》いでいかなければ、人材は育たない。また、停滞《ていたい》と安逸《あんいつ》を許《ゆる》す雰囲気《ふんいき》が一部にでもあれば、やがて全体がそういう雰囲気になり、向上への意欲を失《うしな》い、健全《けんぜん》な成長と発展を止めてしまう。

——昭63・4・1

＊

永遠《えいえん》の広布の発展と学会の前進にあって、そのカギを握《にぎ》るのは〝人材〟にほかならない。未来後継《こうけい》の俊逸《しゅんいつ》をいかに育《そだ》て、陸続《りくぞく》と輩出《はいしゅつ》していくか。ここに、もっとも重要な課題《かだい》がある。そのために、青年部、未来部の活動をさらに充実させ、会合もいちだんと有意義《ゆういぎ》なものへと充実させていくことが大切であろう。しかし、それだけで、〝事足《ことた》れり〟としてはならない。むしろ、若き純真《じゅんしん》な心に確《たし》かに刻印《こくいん》されるのは、小人数《こにんずう》の懇談《こんだん》での、先輩の何気《なにげ》ない人生の指針《ししん》であり、信心の励《はげ》ましの言葉である。だれもが多くの先輩からそのように育てられてきた。お茶を飲みながらでもよい。雑談《ざつだん》の折《おり》でもよい。何《なん》らかの人間的な触《ふ》れ合《あ》いのなかで、信仰者として、また後継者としてのあり方を教え、全力で励ましていくことが肝要《かんよう》なのである。

——昭63・4・1

＊

真剣な人のもとから、人材は育《そだ》っていく。真剣さのない人間教育などはありえない。

——昭63・4・4

＊

上から教えているだけでは、本当の人

材は育《そだ》たない。ともに〝作業服〟を着る思いで、一緒《いっしょ》に働《はたら》き、生活していくところに、人は育っていく。

――昭63・5・5

＊

青年の育成こそが最大の念願《ねんがん》である。人を育《そだ》てる――。私の心には、もはや、それ以外に何ものもない。学会は、世界の民衆の幸福と平和を担《にな》う、かけがえのない人類の希望である。この重大な使命を立派《りっぱ》に後継《こうけい》し、未来にかぎりなく広げてくれる一流の人物を育てたい。広宣流布の本物《ほんもの》の闘士《とうし》をつくり上げたい。ただ、それのみを願《ねが》い、祈って、私は矢面《やおもて》に立ち、青年を守り、尊《とうと》き広布の世界を守ってきた。

――昭63・6・26

＊

戸田先生の訓練《くんれん》は厳《きび》しかった。あれは読んだか、これはどうだ。――読むべき本を読んでいなかったら、激《はげ》しく叱《しか》られた。また何を聞かれても、きちんと答えられなければならなかった。人間の本当の鍛錬《たんれん》が、そこにはあった。時代は変わっても〝本物《ほんもの》を育《そだ》てる〟この精神には、いささかの妥協《だきょう》があってはならない。

――昭63・8・24

＊

人の心は、まことに微妙《びみょう》である。絶《た》えず変化しており、わずかなことをきっかけに、良いほうへも、悪いほうへも行ってしまう。ゆえに、信心の世界にあっても、立場が上になればなるほど、後輩のかかえている問題や悩《なや》みを、正しく敏感《びんかん》に察知《さっち》して、細《こま》やかなうえにも細やかに、励《はげ》ましのうえにも励ましをお願《ねが》いしたい。そして、その人が立派《りっぱ》に成長して、信心と幸福の大道《だいどう》を歩《あゆ》みぬいていけるよう尽《つ》くしていく。それが先輩としての慈《じ》愛《あい》であり、使命と責任である。

――昭63・11・3

＊

芸術も、また人生も同じである。苦《くる》しみや絶望《ぜつぼう》の谷間《たにま》を乗《の》り越《こ》えて初めて、真の開花《かいか》がある。まして信仰の世界は、もっと峻厳《しゅんげん》である。何《なん》の苦労もせず、でき上がった組織のうえで、ただ立場が上がっても、本当に自分を鍛《きた》え、磨《みが》くことがなければ、一流や本物《ほんもの》の人材に育《そだ》つことなど絶対にできない。

――平1・1・21

＊

人間をつくることが、いっさいの基盤《きばん》である。また、広布の前進を不滅《ふめつ》たらしめる〝永遠《えいえん》の橋〟となる。無限《むげん》の価値《かち》の源泉《げんせん》となる。人材は広布の命《いのち》を継《つ》ぎゆく〝宝《たから》〟である。ゆえに、人材の鍛錬《たんれん》に、すべての焦点《しょうてん》を当てている。つねに、人材を探《さが》しに探し、青年を訓練《くんれん》し、鍛《きた》えている。

——平1・7・27

＊

鍛錬《たんれん》、育成といっても、大切なのは、一個の偉《い》大《だい》な人格《じんかく》をつくることである。戸田先生は、よく、「組織は偉大な勇者《ゆうしゃ》をつくるか、さもなくば、幼稚《ようち》な愚者《ぐしゃ》をつくる」といわれた。組織があまりに偉大であり、会員が純真《じゅんしん》であるために、かえってそれに甘《あま》えて厳《きび》しい自己《じこ》建設を怠《おこた》る者も出てくる。そうなれば、いかなる理想的な組織も、組織悪《あく》の温床《おんしょう》となってしまう。学会は、真の人間をはぐくみ、社会に輩出《はいしゅつ》しゆく人材育成の大地である。しかし、そこに峻厳《しゅんげん》な自己革新《かくしん》、切《せっ》磋《さ》琢磨《たくま》の息《い》吹《ぶき》がなくなれば、その大地はみるみる痩《や》せ、不毛《ふもう》の地となってしまうことを知らねばならない。

——平1・7・27

＊

あくまでも「信《しん》・行《ぎょう》・学《がく》」が深いか浅《あさ》いか。法のため、広布のために、どこまで戦っているかである。もっと具体的にいえば、一人《ひとり》の信仰者、修行者《しゅぎょうしゃ》として、現実にどれだけ折伏・弘教《ぐきょう》をしたか。行学に励《はげ》んでいるか。聖教新聞啓蒙《けいもう》などによって、信心の理解を広げたか。また人々の激励にどこまで行動したか。その力《ちから》こそが、真の広布の人材の力である。

——平1・10・24

＊

学会で磨《みが》かれれば、世界中、どこへいっても、優秀《ゆうしゅう》な人材として通用《つうよう》する——そうした厳《きび》しい鍛《きた》えこそが草創《そうそう》以来の伝統である。学会での訓練《くんれん》、薫陶《くんとう》を生かして、自分の分野で、ぬきん出た活躍をしている友は数かぎりない。青年は獅子《しし》であり、虎《とら》でなければならない。断《だん》じて狐《きつね》になってはならない。

——平1・12・28

＊

人材は、まず見つけることである。石の中に金《きん》をさがすように、可能性の豊かな存在を見いだす。それから、今度は、その人を全魂《ぜんこん》で育成することである。育成の根本《こんぽん》は祈りである。この人を大人材に成長させたい、と真剣に御本尊に祈っていく。そして、その熱《あつ》い真心《まごころ》をもって、その人を大切に育《そだ》てていく——。人材は、心から尊敬《そんけい》し、自分以上に偉《えら》くしよう、偉くなるのだとの決心で育てることである。後輩を見下《みさ》げたり、利用したりすることは、謗法《ほうぼう》の罪《つみ》にさえ通《つう》じてしまう。人材を育てる人、その人こそが偉《い》大《だい》である。その人こそが真の人材なのである。

——平2・2・13

＊

優秀《ゆうしゅう》な若い人材を、どんどん登用《とうよう》し、その力《ちから》を伸び伸びと発揮《はっき》させていく――それが仏法の精神にかなった道である。またSGIの精神であり、各国の精神でなければならない。青年の活躍こそ、みずみずしい発展の原動力だからである。

――平2・2・17

＊

青年たちに「何《なん》らかの道で〝第一〟の人をめざせ」と申し上げたい。〝広布の人材〟は、〝広布の武器《ぶき》〟をもたなくてはならない。自己《じこ》を鍛《きた》え、何らかの分野で「第一人者」といわれるような実力を研《と》ぎすませていくことである。あえていえば、そうした力《ちから》ある〝一人《ひとり》〟の存在こそ、広布発展への〝武器〟となる。

――平2・4・20

＊

自己《じこ》を鍛《きた》えに鍛えぬいて、初めて自体《じたい》顕照《けんしょう》がある。生命の奥底《おうてい》から、〝個性のダイヤモンド〟が輝《かがや》きを放《はな》っていく。こうした人間性の開花《かいか》は、政治や経済の次元では決して得《え》ることはできない。また、教育にも限界《げんかい》がある。生命そのものを錬磨《れんま》しゆく信心修行《しゅぎょう》の深い意義《いぎ》が、ここにある。

――平2・4・20

*

十大弟子《でし》の中で、「説法《せっぽう》第一」とされるのは富楼那《ふるな》である。現在でいえば「雄《ゆう》弁《べん》第一」「弁舌《べんぜつ》第一」の力《ちから》をもっていた。こういう人材が今、必要である。いかなる場、いかなる相手に対しても、堂々と語《かた》り、明快《めいかい》に説《と》き、歓喜《かんき》し納得《なっとく》させていく実力、識見《しきけん》、人格《じんかく》。法を説く声が、全身から、あふれ出てくるような豊かさ、生命力。そのためには勉強である。修行《しゅぎょう》である。どんな話にも拍手してくれる組織の温《あたた》かさに安住《あんじゅう》して、〝語る〟ことは〝戦い〟であることを忘れてしまったら、もはや向上はない。自身の敗北《はいぼく》であるのみならず、広布の失速《しっそく》をもたらすことになる。

――平2・4・20

*

これからの国際関係は、軍事力や、経済力のみの時代ではない。人間という知的・精神的資源《しげん》と力《ちから》を、どう発掘《はっくつ》するか。ヒューマン・パワー――すなわち人材の時代である。日本の内外で、〝ここが、自分の第二の故郷だ〟との思いで社会に貢献《こうけん》しゆく人材を、どれだけ輩出《はいしゅつ》できるか。また、一人《ひとり》一人が、そうした〝魂《たましい》の故郷〟をどれだけ広げられるか――。ここに創価学会が歩《あゆ》むべき〝人材大国〟への王道《おうどう》がある。

――平2・5・5

＊

一人《ひとり》の立派《りっぱ》な「正法《しょうほう》の信者」をつくるには、どれほどの苦労がいることか。大聖人は難事中《なんじちゅう》の難事と仰《おお》せである。仏法にまったく関心《かんしん》すらもっていない人々の心を開き、信心を教え、発心《ほっしん》させる——なまやさしいことであるはずがない。そのあとも、くる日もくる日も、勤行を教え、指導と激励に通《かよ》い、あらゆる面倒《めんどう》をみ、家族も及《およ》ばぬほどの祈りと心遣《こころづか》いで、忍耐強《にんたいづよ》く、育《そだ》てていく。そうした、筆舌《ひつぜつ》に尽《つ》くせぬ真心《まごころ》と労苦《ろうく》のなかから、一人の正法の信者が、かろうじて生まれてくる。その大変さは、実際に経験したものでなければ、絶対にわかるはずがない。

——平3・8・21

＊

さまざまな苦労は、全部、自身を磨《みが》く訓練《くんれん》となり、未来の大指導者と育《そだ》つための基盤《きばん》となるに違《ちが》いない。自分を訓練しきった人が勝つ人である。訓練を避《さ》けた人は、いつか行《ゆ》き詰《づ》まり、敗北《はいぼく》の人生となる。

——平4・10・3

＊

組織の盛衰《せいすい》は人で決まる。一人《ひとり》の金《きん》の人材がいれば、全体が栄《さか》える。一人の悪《あく》人《にん》がいれば、全体が苦《くる》しむ。ゆえに本物《ほんもの》の人材を見つけ、育《そだ》てるためには、わが身《み》をなげうつ真剣勝負でなければならない。広布の魂《たましい》と魂の触発《しょくはつ》がなければならない。幹部の利己《りこ》主義や、安易《あんい》な形式では、人材が育つわけがない。

――平6・5・14

第五章　指導者

行動

■迅速《じんそく》な行動

世間《せけん》では、認識《にんしき》はしても行動しない人が少なくない。反対に、行動はするが認識と見識《けんしき》に乏《とぼ》しい人も、多々《たた》、見かける。

しかし、いずれも一方だけでは、社会と人間の変革《へんかく》を進めゆく価値《かち》の行為《こうい》とはなりえない。認識と行動は、いわば車の両《りょう》輪《りん》であり、いかに理想が高く、また実践《じっせん》力《りょく》に優《すぐ》れていても、それが両立しなければ、いたずらな空転《くうてん》を繰《く》り返《かえ》すことになる。

——昭63・2・20

＊

いつの世も、民衆は、リーダーに対して確《たし》かな手応《てごた》えを求めている。ゆえに指導者は、人々の労苦《ろうく》や人情《にんじょう》の機微《きび》がわかる人でなければならない。打てば響《ひび》くがごとく、鋭敏《えいびん》に、また丁寧《ていねい》に、一人《ひとり》一人の心に応《こた》え、行動していくべきである。

このような指導者がいるかぎり、人々は幸《しあわ》せであり、広布は盤石《ばんじゃく》な発展を続けていくであろう。反対に、反応《はんのう》なき鈍感《どんかん》なリーダーに、人々はついていかない。組織の生き生きとした脈動《みゃくどう》も止まってしまう。そのようなリーダーは、無慈悲《むじひ》な存在といえる。

——昭63・5・22

＊

私自身もつね日ごろ、〝すばやい反応《はんのう》〟を心がけている。真心《まごころ》には真心で、誠意《せいい》にはどこまでも誠意をもって応《こた》えていくことが大事である。〝心〟を即座《そくざ》に〝行動〟で表《あらわ》していく——。誠実《せいじつ》さと温《あたた》かな心を忘れない〝行動の人〟〝実践《じっせん》の人〟であっていただきたい。

——昭63・12・25

＊

悪《あく》と戦えば、戦った人が返《かえ》り血《ち》を浴《あ》びる。それを恐《おそ》れて沈黙《ちんもく》すれば、何も起《お》こらない。ゆえに、悪からの迫害《はくがい》を受けている人は本物《ほんもの》である。真に〝戦っている人〟であり、真実の菩薩《ぼさつ》であり、その人を正義の基準《きじゅん》と見ていけば間違《まちが》いない。

——平1・8・2

＊

いくら熱心に説《と》き、言葉たくみに話をしても、口先《くちさき》では人は動かない。後輩は成長しない。これまで幹部となりながら、退転《たいてん》・反逆《はんぎゃく》していった人々の姿《すがた》は、この根幹《こんかん》の指導を忘れ、自《みずか》らの「慢《まん》」におぼれ、「策《さく》」に走った結果であった。

それは本当の仏法者の姿ではない。大切なのは、リーダー自身の懸命《けんめい》な実践《じっせん》の姿である。謙虚《けんきょ》に自らの人間革命に励《はげ》むところに後輩は安心し、ついてくる。

——平1・10・4

*

ある意味で〝現場こそ師匠《ししょう》〟である。そこに学《まな》ぼうとしない指導者には成長がない。必《かなら》ず行《ゆ》き詰《づ》まる。広宣流布のもっともホットな「現場」。そこで真剣に戦った人が、一番、偉大《いだい》である。一番の勇者《ゆうしゃ》である。一番、功徳《くどく》を受ける人である。つねに自身を「現場」という師匠に照《て》らして、軌道修正《きどうしゅうせい》していくべきである。

——平1・9・24

*

いざというときに——そのときにこそ〝本物《ほんもの》〟は光《ひかり》を放《はな》つ。その姿《すがた》は、ひとたび見れば、絶対に忘れることはない。口《くち》先《さき》ではない。行動である。何をしたか、どう生きたかである。——平2・8・24

*

〝傍観者《ぼうかんしゃ》の利己《りこ》主義〟が、はびこってしまった社会は不幸である。たとえ分野が異《こと》なっても、行動する人同士は話が通《つう》じる。人類と社会への責任感をもっているからである。反対に〝傍観者〟〝見物《けんぶつ》人《にん》〟には責任感がない、ゆえに幾《いく》ら多く集まっても価値《かち》は創《つく》れない。また人生の主体者ではないから真の充実も幸福もないであろう。〝行動する人間〟には、当然、苦労も大きい。無責任《むせきにん》な批判《ひはん》も多い。しかし、生命の底《そこ》からの充実と満足《まんぞく》は、その人のものである。

——平3・7・26

＊

人間の世界でも、トップが動けば話は早い。上が、とかく腰《こし》が重く、動こうとしないところは、さまざまな問題が起《お》き、人々を苦《くる》しめる結果になる場合が多い。〝敏速《びんそく》な対応《たいおう》〟——これがリーダーの重要な条件である。

——平3・8・18

＊

指導的立場にありながら、「闘争力《とうそうりょく》」のないものには、決して福運《ふくうん》はつかない。学会の永遠《えいえん》の原則である。〝広布のリーダー〟はどうあるべきか、その根本《こんぽん》精神は全部、ここに集約《しゅうやく》されるといってよい。この闘争力こそ信心である。「闘争力」をもった人はみな、人生も勝っている。大満足《だいまんぞく》の境涯《きょうがい》を勝《か》ち得《え》ている。

——平4・8・24

＊

〝悩《なや》める友のために〟動く。友の幸《しあわ》せのためなら、どこへでも行く。どこまでも行く。まさに〝菩薩道《ぼさつどう》〟の実践《じっせん》である。友のために祈り、動いた分《ぶん》だけ、黄金《おうごん》の歴史が、生命に刻《きざ》まれていく。それが因《いん》果《が》の理法《りほう》である。

——平5・5・26

＊

報告を聞いたなら、すぐに反応《はんのう》すること、すぐに手を打つこと。これがリーダーの鉄則《てっそく》である。この迅速《じんそく》な行動があるかぎり、学会は栄《さか》えていく。その人自身も成長する。その分《ぶん》、大勢《おおぜい》の人を救《すく》っていける。一事《いちじ》が万事《ばんじ》である。国でも、会社でも、反応がいい組織や団体は伸びていく。反応が悪い組織は、暗《くら》く沈滞《ちんたい》してしまう。まして、現代はスピードの時代である。車のスピード違反はいけないが、勝負はスピードが決め手となる。ある人は、〝学会の発展の原因も、指導者のスピードにある〟と見ぬいていた。迅速また迅速に、会員のため、広布のために行動するリーダーであらねばならない。

——平5・12・16

■会員を大切に

指導者の責任は重いといわざるをえない。後輩を徹底して大切にする心——それがリーダーの根本《こんぽん》条件でなくてはならない。広布のリーダーには、第一にも第二にも、尊《とうと》き仏子《ぶっし》の一人《ひとり》一人を大切にしきっていく責務《せきむ》がある。同志に対する温《あたた》かい心配《こころくば》りがないとすれば、それは指導者の傲《おご》りである。権威《けんい》や命令のみで人を動かそうとするのは、指導者の慢心《まんしん》であり、真の指導者としての資格《しかく》はない。リーダーは、つねに一人一人を抱《だ》きかかえるように心をくだいていかねばならない。

——昭62・7・21

*

「一人《ひとり》」を大切に——これこそ、脈々《みゃくみゃく》と受《う》け継《つ》がれてきた、学会の伝統精神である。悩《なや》める「一人」に光《ひかり》を当て、全魂《ぜんこん》で対話し激励しぬいていく。この伝統を決して忘れてはならない。大勢《おおぜい》の前ではなばなしく話をするだけで、地道な指導や激励に積極的《せっきょくてき》に行動しないリーダーは決して本物《ほんもの》ではないし、本物にはなれない。そうした幹部が多くなるとしたら、学会精神の退廃《たいはい》に通《つう》ずるであろう。組織のなかに権威《けんい》主義や要領《ようりょう》主義をはびこらせてはならない。「一人」への全魂の指導と行動なくして、真の仏道修行《ぶつどうしゅぎょう》はありえないのである。

——昭62・10・11

*

〝広布の指導者〟は、どこまでも後輩を、同志を、そして仏子《ぶっし》を守りぬく人であっていただきたい。これまで幹部になって退転《たいてん》していった人は、ほとんどが同志のために骨身《ほねみ》におよぶ苦労をしていない、自分はできるだけ手を汚《よご》さない要領《ようりよう》のよい人間であった。〝心哀《あわ》れ〟〝心卑《ひ》怯《きよう》〟〝心軽薄《けいはく》〟な人間であった。会員のためにわが身《み》を惜《お》しまず、労苦《ろうく》の泥《どろ》と汗《あせ》にまみれながら戦ってきた、本当の学会精神に立った人は、決して退転をしていない。

――昭62・11・2

＊

広布のリーダーは、尊《とうと》き仏子《ぶつし》を厳然《げんぜん》と守りぬいていかねばならない。それが妙法の指導者の第一の責務《せきむ》であり、使命である。それは、口先《くちさき》だけの指導で果《は》たせることではない。本当の広布の戦いは、泥沼《どろぬま》のごとき現実社会のただなかにあって、民衆とともに懸命《けんめい》に動き、祈り、心を砕《くだ》きに砕いてこそ、真実の広布の大道《だいどう》を開き、その責務を果たすことができる。学会の草創《そうそう》の先輩は皆、その先駆《せんく》の行動をしてきた方々である。ゆえに今日の広布の盤石《ばんじやく》な基盤《きばん》ができたのである。

――昭63・2・19

＊

広布の庭には、光《ひかり》の当たらぬ舞台《ぶたい》でも、誇《ほこ》り高く黙々《もくもく》と活躍している人がいる。たとえ、だれにもほめられなくとも、ひたすら自《みずか》らの使命の道に徹《てつ》し、行動している人がいる。広布のリーダーはそうした友を徹底して守り、支《ささ》え、励《はげ》ましていくことを、決して忘れてはならない。

——昭63・3・23

*

指導者は指導者である。支配者でもなければ、権力者でもない。人々が自分の言うことを何《なん》でも聞いてくれると思ったら、大間違《おおまちが》いである。どれほど多くのリーダーが、この過《あやま》ちから自滅《じめつ》していったことか——。指導者は一人《ひとり》一人の仏子《ぶっし》を、できうるかぎりの慈愛《じあい》で大切に守り、祈り、尽《つ》くしていかなければならない。そうできる自分の立場に感謝していかねばならない。その〝真心《まごころ》に徹《てつ》しゆく〟行動にこそ、真実の仏法の心があり、学会精神がある。

——昭63・3・28

*

真心《まごころ》と真心で結《むす》ばれた、深い〝信頼〟と〝安《やす》らぎ〟のある世界。それが仏法の世界である。大聖人の御心に連《つら》なりゆく広布の活動にあっても、幹部は尊《とうと》い仏子《ぶっし》の〝真心〟や〝労苦《ろうく》〟を、いささかでも軽《かろ》んずる姿勢があってはならない。学会は麗《うるわ》しき広宣流布の和合体《わごうたい》である。どこまでも、人情《にんじょう》の〝機微《きび》〟を知り、友の心の〝奥《おく》の奥〟にまで深く思いをはせながら、つねに最大の尊敬《そんけい》と感謝の心をもって一人《ひとり》一人と接《せっ》していってこそ指導者といえる。

——昭63・6・26

*

一身《いっしん》をなげうって、大切な仏子《ぶっし》を守り、正義を叫《さけ》びきっていく。ここに真実の広布の指導者の姿《すがた》がある。「法のため」「広布のため」「同志のため」に——私の行動の根幹《こんかん》は、その一念に尽《つ》きる。反対に、かりに指導者が、同志に対する圧迫《あっぱく》を、いささかなりとも他人事《たにんごと》のように傍《ぼう》観視《かんし》するようなことがあれば、その罪《つみ》は大きいといわざるをえない。

——昭63・9・7

*

指導者は、後輩を自分以上の人材に育《そだ》てようとする、その心が要《かなめ》である。この一念なくして、後輩をうまく使《つか》い、利用するのみの先輩では、いかに言葉たくみに指導しようとも、仏法の世界のリーダーではない。後輩に対し、どれだけ、細《こま》やかに面倒《めんどう》をみたか。ある意味で、自分が倒《たお》れるような思いで、心をくだきにくだいてこそ、はじめて次代の人材が育《そだ》つ。そこに「令法久住《りょうぼうくじゅう》」「広宣流布」の道が開ける。

——昭63・10・19

*

学会はどこまでも「常識豊かに」進まねばならない。しかし、ある場合には、幹部を頼《たよ》って緊急《きんきゅう》の電話が夜遅く入ることもあるに違《ちが》いない。本人にとっては切《せっ》実《じつ》な相談《そうだん》もあろう。そのときの指導いかんで人生の明暗《めいあん》が分かれてしまう場合もある。それを相手の心も考えず、非常識だと決めつけて、おざなりにすませてしまうようなことがあれば、無慈悲《むじひ》であり、指導者としての責任を回避《かいひ》することになる。リーダーは、大切な仏子《ぶっし》のために尽《つ》くしきっていくことが、自身の仏道《ぶつどう》修行《しゅぎょう》となることを銘記《めいき》していきたい。

――昭63・11・24

＊

学会の幹部は、妙法の同志のために、学会員のために、との一点を、どんなことがあっても忘れてはならない。学会員は、広宣流布のために戦っておられる尊《とうと》い仏子《ぶっし》である。その方々を絶対に守りぬかなくてはいけない。また、その方々に尽《つ》くしきるための幹部である。会員の方々こそ、幸《しあわ》せになってほしい、すばらしい人生であっていただきたい、と願《ねが》い、行動するのが、幹部である。会員をないがしろにしたり、軽《かる》くみたりすることなど、もってのほかである。それを何か問題が生《しょう》ずると、自分の保身《ほしん》のために右顧左眄《うこさべん》して、目的を見失《みうしな》うような卑怯《ひきょう》な人間になってはならない。それでは民衆の指導者でもないし、学会の幹部として失格《しっかく》である。

——平1・1・15

＊

地位や役職があるから偉《えら》いのではない。信心がある人が尊《とうと》いのである。大切な会員を見くだしたり、粗末《そまつ》にして、悲《かな》しい思いをさせたり、信心を失《うしな》わせるようなことがあれば、幹部として失格《しっかく》であるばかりか、人間としても失格である。

また、現在は信心も弱く、幹部に苦労をかける会員もいるであろう。しかし、皆、使命ある仏子《ぶっし》である。御本尊に、会員の成長を祈り、親身《しんみ》になって尽《つ》くして、信心を励《はげ》まし、立派《りっぱ》な人材へと育成しゆく慈愛《じあい》のリーダーであってほしい。

——平1・4・19

＊

たった一人《ひとり》の幸《しあわ》せのためにも、わが身《み》を顧《かえり》みず走り、行動していく。それこそ、真実の指導者の心である。

——平1・8・2

＊

弱者《じゃくしゃ》には、どこまでも温《あたた》かく、つつみ、励《はげ》ましていく——これが本来《ほんらい》のリーダーであり、信仰者の姿《すがた》である。草創《そうそう》以来の学会の伝統《でんとう》精神も、ここにあった。この方程式《ほうていしき》は、これからも永久に変わることはないし、変わってはならない。悩《なや》める庶民《しょみん》の救済《きゅうさい》こそ、仏法者の最大の使命であり、根本《こんぽん》精神である。

――平1・8・2

*

役職がなくても、組織の第一線で、日々、懸命《けんめい》に活動している人は最高に尊《そん》敬《けい》し、大事にしていくことが、信心の指導者の心である。

――平1・9・15

*

「会員のための幹部」である。会員に奉仕《ほうし》し献身《けんしん》する存在でなければならない。私も、徹底して、この精神でやってきた。これこそ、どんな立場になっても、絶対に忘れてはならない学会の根本《こんぽん》精神である。

――平1・11・18

*

同志を見くだしたり、利用する。同志を軽蔑《けいべつ》し、手段《しゅだん》として自《みずか》らの栄《さか》えを図《はか》ろうとした人間が、いかに哀《あわ》れな末路《まつろ》の人生となっているかは、よくご存《ぞん》じの通りである。仏子《ぶっし》である学会員を尊《とうと》び、大切にしてこそ、広布の発展があり、栄光の人生がある。会員の皆さまを守りぬくために、だれよりも非難《ひなん》、迫害《はくがい》を受け、だれよりも戦ってきた。これが私の「魂《たましい》の勲章《くんしょう》」である。

――平2・1・28

＊

学会の組織について、恩師《おんし》は「戸田の命《いのち》よりも大切な広宣流布の組織」と言われた。計《はか》り知《し》れない意義《いぎ》のある仏意仏勅《ぶついぶっちょく》の組織である。そのリーダーとなることは、これ以上の栄誉《えいよ》はないし、これ以上の福徳《ふくとく》もない。また責任も大きい。そして大きな責任を自覚《じかく》して、本気《ほんき》になって進んだ分《ぶん》だけ、永遠《えいえん》の幸福境涯《きょうがい》へと、わが生命は広がり、輝《かがや》いていく。仏子《ぶつし》のための献身《けんしん》、経文《きょうもん》と御書に説《と》かれた仏敵《ぶってき》との戦い――それらを忘れ、また避《さ》けるのは卑怯《ひきょう》な指導者である。法のため、仏子のために自分は今、何《なに》ができるか、いな何《なん》でもやっていこう――この燃《も》え上《あ》がるような指導者の一念こそ、広宣流布の前進の原動力である。

――平2・6・8

＊

広布の組織におけるリーダーとは、〝皆がどうすれば喜《よろこ》ぶか、幸福になるか〟を、第一義とする人である。〝どうすれば自分が楽《らく》になるか〟を第一に考え、人から〝何《なに》かしてもらう〟ことに慣《な》れ、甘《あま》えているような指導者。反対に〝偉《えら》くなりたい〟〝人からよく見られたい〟と願《ねが》うような指導者であってはならない。皆のために〝何《なん》でもしてあげよう〟と心から尽《つ》くす人が大事なのである。その正法《しょうほう》と仏子《ぶつし》への「奉仕《ほうし》」の心に、大《おお》いなる福《ふく》徳《とく》も備《そな》わっていく。三世《さんぜ》に壊《こわ》れない信心の歓喜《かんき》の生命が躍動《やくどう》してくるのである。

――平2・6・8

＊

〝仏子《ぶつし》を守る〟とは、観念《かんねん》でも言葉のみでもない。社会の現実を見極《みきわ》め、生活の場に即《そく》した具体的な知恵《ちえ》と行動が必要となる。その根底《こんてい》は、何よりも仏子への愛情があるか、ないかである。

――平2・10・26

＊

学会員は、全員が大切な、大切な仏法の宝《たから》の方々である。その尊《とうと》い仏子《ぶつし》である学会員を、何者《なにもの》にも断《だん》じて利用させてはならない。リーダーの方々は、父として、兄として、また母として、姉として、大切な同志を守りに守っていただきたい。

――平3・12・15

＊

会員を尊敬《そんけい》する人が偉《えら》い。学会員のために尽《つ》くす人が本物《ほんもの》の人材である。全幹部が、この基本に徹《てつ》すれば、学会はもっと大きく栄《さか》える。広布は、現在の十倍、百倍と発展していく。学会員の幸福――それが私の根本《こんぽん》の心である。

――平4・8・18

＊

〝徹底して会員を大切に〟〝会員の喜《よろこ》びを自分の目的に〟――広宣流布の指導者の心の置《お》きどころは、つねに〝会員が原点〟でなければならない。どうすれば、皆が喜ぶのか、安心するのか、希望をもてるのか、確信を深められるのか。どうすれば、その人を守れるのか、力《ちから》を発揮《はっき》させられるのか、行《ゆ》き詰《づ》まっているとしたら原因は何《なん》なのか、経済・家庭・健康の状態はどうか、など幸福と成長を願《ねが》う、強盛《ごうじょう》な祈りを根本《こんぽん》に、細《こま》やかに考え、心を配《くば》り、迅速《じんそく》に行動することである。

――平4・8・25

＊

会員を大切に、慈愛《じあい》をもって接《せっ》するリーダーであっていただきたい。優《やさ》しく、何《なん》でも聞いてあげる指導者であってほしい。決して叱《しか》ってはならない。上から抑《よく》圧《あつ》するようなことがあってはならない。末法《まっぽう》の衆生《しゅじょう》は〝愚癡《ぐち》〟の生命が強いとされる。その克服《こくふく》は当然の課題《かだい》として、こちらが、よく話を聞いてあげることによって、安心し、希望をもち、発心《ほっしん》できることも事実である。

――平4・11・16

＊

幹部は、会員に心から「ありがとう」

「ありがとうございます」と言うことである。感謝の心を忘れた人は、権威《けんい》主義となる。幹部だから偉《えら》いのではない。皆のおかげ、会員のおかげである。「自分がいるから」という考えは傲慢《ごうまん》である。学会のおかげで、会員のおかげで「幸福になりました」「社会のために思う存分《ぞんぶん》、戦うことができました」――この根本《こんぽん》の心を忘れたならば、人間の道とはいえない。畜生《ちくしょう》すら恩《おん》を知ると大聖人は仰《おお》せである。

――平4・12・19

＊

仏子《ぶつし》を尊敬《そんけい》せよ。〝正法《しょうほう》広宣流布の実《じつ》践者《せんしゃ》〟を仏《ほとけ》のごとく敬《うやま》い、大切にせよ――これが釈尊《しゃくそん》の〝最期《さいご》の言葉〟であり、〝遺言《ゆいごん》〟であった。そして、大聖人が「最《さい》上《じょう》第一の相伝《そうでん》」（御書七八一㌻）と言われた、法華経の根本《こんぽん》精神である。この教えを、だれよりも実践してこそ、真の「相伝者」である。現代における〝広布の行《ぎょう》者《じゃ》〟SGIを、だれよりも尊敬し、大切にしてこそ、「最上第一の相伝」を知っていることになる。

――平5・2・2

＊

リーダーとは、友に〝喜《よろこ》びを与える人〟であり、〝希望を与える人〟でなければならない。喜びがあるところ、人は勇《いさ》んで行動する。希望に向かって進むと、人はもてる力《ちから》を大きく発揮《はっき》することができる。そこに、自然のうちに向上と勝利のリズムが生まれていく。ゆえに、リーダーは、会員をわが子のごとく愛し、その幸福をだれよりも祈りに祈っていくことである。その一念に、すべての発展の原動力がある。その慈愛《じあい》から、希望と喜びを与えゆく知恵《ちえ》も出せる。

——平5・2・5

＊

学会は、民衆の最高の味方《みかた》である。まじめに働《はたら》いて疲《つか》れている人、苦《くる》しんでいる人、悩《なや》んでいる人のもとへ、文字通り、飛《と》んでいって救《すく》ってきたのは学会である。そのリーダーが、適当《てきとう》に力《ちから》をぬき、命令主義で、要領《ようりょう》よく皆を働かせておこうなどと考えたら、人間としてもっとも卑《いや》しき姿《すがた》となってしまう。

——平5・7・6

＊

会員を守ることである。具体的に何かしてあげることである。自分の限界《げんかい》まで、皆に〝心配《こころくば》り〟をすることである。全幹部が組織主義を乗《の》り越《こ》えさえすれば、広宣流布は飛躍的《ひやくてき》に進む。

——平5・11・29

■言葉づかい

人間は一つの言葉で争《あらそ》いもすれば、仲《なか》直《なお》りもできる。一つの言葉が生涯の傷《きず》ともなれば、忘れ得《え》ぬ希望の人生のきっかけになる。一つの言葉は一つの心をもっている。ゆえに言葉を大切にすることは、心を大切にすることに通《つう》じる。どこまでも言葉の美しい人であってほしい。

――『主婦の友』昭62・1月号

＊

言葉の力《ちから》は偉大《いだい》である。全魂《ぜんこん》の演説《えんぜつ》、指導、スピーチが人の心をとらえるとき、どれほどすばらしい可能性を開き、大きな価値《かち》を生むか、わからない。ゆえに指導者は一つ一つの話を決しておろそかにしてはならない。

――昭62・11・2

＊

人間の能力《のうりよく》は無限《むげん》という。その能力を引き出すのは自信である。自分は必《かなら》ずできるという確信である。その自信と確信を与えるのが、心からのほめ言葉であり、温《あたた》かい励《はげ》ましである。逆《ぎやく》に冷《つめ》たい言葉、傲慢《ごうまん》な言葉は、釘《くぎ》を打つのと同じである。釘をぬいても釘のあとは残《のこ》る。あとで弁解《べんかい》しても、一度傷《きず》ついた心は、なかなか、もとに戻《もど》るものではない。

――『主婦の友』昭63・1月号

＊

善《よ》きにつけ悪《あ》しきにつけ、言葉に動かされてしまうのが、人間の心といえる。いわんや広布の世界にあっては、リーダーの力強《ちからづよ》い、確信ある指導がどれほど力となるか。もしもリーダーが言うべきことを明快《めいかい》に言いきっていく勇気がなければ、会員を守ることはできない。また会員も安心し、納得《なっとく》して信心に励《はげ》むことはできない。幹部は、強靱《きょうじん》なる「勇気」と、偉大《いだい》なる「人間性」と「愛情」の指導者として、信仰の正義を堂々と主張しぬくべきである。

——平1・4・19

＊

広布の世界には、真の雄弁《ゆうべん》の人が必要である。あらゆる場、あらゆる相手、あらゆる問題に、明快《めいかい》に正義を主張し、だれをも納得《なっとく》させていく力量《りきりょう》がなければ、時代に後《おく》れを取る。真の雄弁は、口先《くちさき》ではなく、知性《ちせい》のみでもない。胸《むね》と腹《はら》と頭と、全身全霊《ぜんしんぜんれい》をかけた正義への戦いである。ゆえに雄弁は組織の力《ちから》に寄《よ》りかかった甘《あま》えからは生まれない。

——平1・8・24

＊

洗練《せんれん》された表現は、組織や地域の触《ふ》れ

合《あ》いのなかで大切である。とくにリーダーは友のため、同志のために、心配《こころくば》りのある表現をお願《ねが》いしたい。それが信心と教養《きょうよう》と人格《じんかく》の表《あらわ》れなのである。無神経《むしんけい》な、また無責任《むせきにん》な言葉は、人を傷《きず》つけるだけではない。リーダーとしてはもちろん、信仰者としても、社会人としても、自分自身をも傷つけることになる。

――平2・4・12

*

聡明《そうめい》な言葉づかいは、凍《い》てついた心をとかす光風《こうふう》となる。どんな局面《きょくめん》にあっても、弾力《だんりょく》ある知恵《ちえ》の一言があれば、悠々《ゆうゆう》とまた闊達《かったつ》に切り開いていくことができる。私の恩師《おんし》も口《くち》のきき方、挨拶《あいさつ》の仕方《しかた》には厳《きび》しかった。言葉は心の発露《はつろ》であると、いつも教えられた。言葉は文字通り「言《こと》の葉《は》」である。春の新緑《しんりょく》のようなみずみずしい「言の葉」は、生活にまた社会に、豊かな潤《うるお》いを添《そ》える。どんなに裕《ゆう》福《ふく》になっても、心の根《ね》っこが貧弱《ひんじゃく》であれば、貧《まず》しい「言の葉」しか茂《しげ》らない。それではあまりに殺風景《さっぷうけい》であろう。

――『主婦の友』平4・1月号

*

人の心を知り、人の心をとらえる誠実《せいじつ》な声と言葉が大切である。「心は工《たくみ》なる画師《えし》の如《ごと》し」と仏典《ぶってん》にある。心の中はつねに変化、変化を続ける。その心を喜《よろこ》びの方向へ、希望と勇気の方向へリードする根本《こんぽん》は、〝心の師《し》〟としての法である。それとともに、リーダーの細《こま》やかな心づかい、丁寧《ていねい》な表現、ほっとさせる一言が皆の心を明るくさせていく。威張《いば》ったり、手をぬいた説明でなく、相手の立場に立ったかゆいところに手の届《とど》くような親切《しんせつ》さ、礼儀《れいぎ》正しさ、感謝と真心《まごころ》が幹部になければならない。　――平6・4・20

■励まし

叱《しか》らないこと――それは、やさしいようで、じつは難《むずか》しい。学会の幹部にもすぐに後輩を叱咤《しった》する人もみられるが、大《おお》いなる誤《あやま》りである。むろん、信心指導は厳粛《げんしゅく》であるべきだが、それと叱ることとは、まったく別次元である。自信がなく、力《ちから》のない人ほど、人をむやみに叱る傾向《けいこう》が強い。立場や役職という権威《けんい》で、自身を守ろうとするからだ。リーダーは、決して後輩を叱咤してはいけない。尊《とうと》き仏《ぶっ》子《し》である一人《ひとり》一人の人格《じんかく》を最大限に尊重《そんちょう》し、尊敬《そんけい》しあいながら、人間共和の麗《うるわ》しい世界を創造《そうぞう》していきたい。　――昭63・2・20

＊

人の失敗《しっぱい》を非難《ひなん》し、責《せ》めることは、や

さしい。しかし、叱《しか》ることで、相手が失敗の痛手《いたで》から立《た》ち直《なお》ることは、むしろ少ない。厳《きび》しい叱咤《しった》は、反発《はんぱつ》をかい、人の心を遠ざけてしまう。思わぬ失敗のときこそ、温《あたた》かく包容《ほうよう》し、守りぬいていくことが肝要《かんよう》である。――昭63・4・1

＊

将《しょう》の将たる幹部は、つねに自分の目にふれる範囲《はんい》に気を奪《うば》われているようであってはならない。目に見えない陰《かげ》の分野で活躍している人たちに、こまかく心を配《くば》り、励《はげ》ますことを忘れてはならない。これが戸田先生の指導であったし、私もつねに心がけてきたことである。

――平1・2・14

＊

ユーモアのある大《おお》らかな心、賢明《けんめい》な励《はげ》ましが、どれほど人を勇気づけることか。相手を追《お》い詰《つ》めるような言動《げんどう》は、厳《げん》に慎《つつし》まねばならない。――平1・8・10

＊

真のリーダーは友を守り、ほめたたえ、包容《ほうよう》していく人である。反対に、組織上の立場を利用して、人を叱《しか》ったり、威張《いば》ったりするリーダーは、仏子《ぶつし》を苦《くる》しめるばかりでなく、将来《しょうらい》、自分自身が苦しむことになる。ゆえに、そういう指導者をつくってしまえば、互《たが》いに不幸となる。そうであってはならない。信心の世界はつねに、成仏《じょうぶつ》と幸福のためにある。

――平2・2・12

＊

信心は、慈悲《じひ》の光彩《こうさい》につつまれた世界である。権威《けんい》や形式とは無縁《むえん》な、朗《ほが》らかで虚飾《きょしょく》のない、人間の〝正道《せいどう》〟である。ゆえに、特に幹部は、理不尽《りふじん》に人を叱《しか》ったり、自分の周《まわ》りに深刻《しんこく》そうな、冷《つめ》たい雰囲気《ふんいき》をつくるようであってはならない。自《みずか》らの信心を深めながら、自然のうちに、人々の心を潤《うるお》していく、人間性を育《はぐく》み、人々を温《あたた》かくつつみ込《こ》んでいく、悠々《ゆうゆう》たる境涯《きょうがい》を築《きず》いていきたい。

――平2・5・13

＊

叱《しか》ってはいけない。つねに優《やさ》しいリーダーであっていただきたい。御書に「彼《かれ》が為《ため》に悪《あく》を除《のぞ》くは即《すなわ》ち是《こ》れ彼が親《おや》なり」（二三六㌻）と仰《おお》せのように、慈愛《じあい》の真心《まごころ》からの注意、また励《はげ》ましは当然、必要であろう。しかし感情的な叱責《しっせき》はいけない。

――平3・10・2

＊

つねに率直《そっちょく》な対話を交《か》わしつつ、また、友をほめたたえながら、麗《うるわ》しい人間共和の世界を広げられる人こそ、真実の知性《ちせい》の人である。

——平3・11・2

*

リーダーは、陰《かげ》で支《ささ》える方々を最大に賞讃《しょうさん》してほしい。いくら頑張っても、皆が冷淡《れいたん》であったり、無関心《むかんしん》であれば、寂《さび》しくなる。やりがいも感じないし、張《は》り合《あ》いも失《うしな》われてしまいがちである。同志の健闘《けんとう》を心からほめ、たたえ、張り合いを感じられるように、細《こま》やかな配慮《はいりょ》をしていくところに「喜《よろこ》び」が広がり、「福《ふく》運《うん》」が広がる。

——平4・3・10

*

「生老病死《しょうろうびょうし》」の悩《なや》みは当然、起《お》きる。仏《ほとけ》すら少病少悩《しょうびょうしょうのう》は避《さ》けられない。時代の流れも激《はげ》しい。時には体調を崩《くず》したり、思わぬケガをしたりする場合があるに違《ちが》いない。そのときに大切なのは、励《はげ》ましである。温《あたた》かい励ましが、何よりの薬《くすり》である。安心と勇気、希望と自信を与えていくことである。その声は仏事《ぶつじ》を為《な》している。

——平4・11・29

*

栄誉《えいよ》に輝《かがや》いた友をほめたたえ、ともに喜《よろこ》ぶ人は、その「心」に福徳《ふくとく》が積《つ》まれていく。反対に、妬《ねた》んだり、たいしたことないと見くだしたりする人は自身の福徳を消《け》してしまう。それが一念の妙用《みょうゆう》である。

——平5・1・6

＊

中心者は、友を温《あたた》かくたたえ、励《はげ》ます、賢明《けんめい》なリーダーであってほしい。尊《とうと》き同志を、自分の感情にまかせて怒《おこ》ったり、軽《かろ》んじては絶対にならない。会えば勇気がわき、希望がわく——そうした励ましの心あふれる名指導者であっていただきたい。

——平5・1・17

＊

苦労している人を、励《はげ》ますのが指導者である。頑張っている人を、たたえるのがリーダーである。皆を叱《しか》る資《し》格《かく》など、だれにもない。皆を喜《よろこ》ばせるために指導者はいる。

——平5・2・24

＊

皆がホッとする話が大事である。胸《むね》のつかえが取れた、気持ちが軽《かる》くなった、満足《まんぞく》した——と、歓喜《かんき》がわき、生命力を増《ま》すのが、本当の指導である。したがって、話は威圧的《いあつてき》であってはならない。また決して叱《しか》ってはならない。広布へともに進む同志を、どこまでもたたえていくことである。仏子《ぶつし》を〝たたえる〟ことで、相手も自分も、喜《よろこ》びと功徳《くどく》が増していくのである。

——平5・5・22

＊

会員を大切にする——その具体的な実《じつ》践《せん》の一つを挙《あ》げれば、「ほめたたえること」である。御書を開くと、大聖人はつねに信徒《しんと》を心から、ほめたたえておられる。御書には、「信徒への賞讃《しょうさん》」の御言《おこと》葉《ば》が、いたるところに、あふれている。

——平5・7・7

＊

法華経を行《ぎょう》じている「人」をたたえることは、「法」をたたえることに通《つう》じる。広宣流布に戦っている学会員は、大聖人のお使《つか》いであり、仏子《ぶっし》である。その学会員をほめれば、自分が功徳《くどく》を受ける。自分の仏界《ぶっかい》が強まる。相手をほめているようでいて、じつは、かえって、自分の仏界をも讃嘆《さんたん》しているのである。「自《じ》他《た》不《ふ》二《に》」——自分も他人も一体の法理《ほうり》である。

——平5・7・7

＊

悩《なや》んでいる人を全身全霊《ぜんしんぜんれい》で励《はげ》ますのが、仏法者の慈悲《じひ》であり、学会の精神である。口先《くちさき》でも形式でもない。生命からほとばしる思いで、真剣勝負の〝蘇生《そせい》への励まし〟をおくるのが仏法の指導者である。

——平6・4・11

■陰《かげ》で支える人に

だれにせよ、陰の労苦《ろうく》に、いとわず取り組んでいけるかどうか。人目《ひとめ》につかないところで真剣に信仰に励《はげ》んでいるかどうか。その一点に、本物《ほんもの》か否《いな》かの試金石《しきんせき》がある。表面の目につく活躍のみでは、分からない場合があまりにも多い。

——昭63・7・10

＊

仏法では、指導者は「万民《ばんみん》の橋梁《きょうりょう》」であると見る。すなわち、リーダーは民衆のために奉仕《ほうし》する〝希望のかけ橋〟の存在でなければならない。反対に、民衆を苦《くる》しめる指導者は、断固《だんこ》、戦い排除《はいじょ》していくべきである。それが権力の「独裁《どくさい》」に対する歯止《はど》めとなっていくに違《ちが》いない。

——平1・12・13

＊

指導者は人々のためにこそある。私も、学会員の屋根《やね》となり、防波堤《ぼうはてい》となって戦ってきた。わが身《み》を大法弘通《だいほうぐつう》のために、捧《ささ》げきってきたつもりである。その信念は生涯、いささかたりとも変わることはないだろう。それが、もっとも正しき御本仏に対する報恩《ほうおん》の念《ねん》であり、学会員に対する誠《まこと》であると思うからである。

上手《じょうず》に策《さく》を使《つか》って人々をだましていく指導者は大嫌《だいきら》いである。また、幹部は、それらをすべて見ぬいていかねばならない。

——平1・12・20

*

嵐《あらし》には敢然《かんぜん》と皆の防波堤《ぼうはてい》となり、一方、未来を見すえて、国を富《と》ませ強くする布石《ふせき》を着々《ちゃくちゃく》と打っていく。それが指導者である。表面だけ、偉《えら》そうな姿《すがた》を見せ、真剣であるかのように派手《はで》に立《た》ち動《うご》いているのでは、指導者とはいえない。何より人間として卑《いや》しい。

——平3・9・21

*

格好《かっこう》ではない。「心」である。たとえば、身近《みぢか》な例でいえば、陰《かげ》の事務的な仕事が残《のこ》ってしまった。〝こんなに夜遅くて、いやだな〞〝こんなところで頑張っても、だれも知らないだろうな〞等と思うか、〝また福運《ふくうん》をつけさせていただこう〞と思ってやるか、微妙《びみょう》な一念の違《ちが》いである。その違いが、じつは、大きな分かれ目なのである。だから皆さんは〝冥《みょう》の照覧《しょうらん》に生きる信心〞を、学会の世界で活躍できる喜《よろこ》びに満《み》ちた〝ふくよかな信心〞をしていくことである。

——平4・9・16

＊

だれが見ていなくとも、陰《かげ》で真剣に広宣流布へ戦う。これが学会の伝統《でんとう》である。陰で頑張れる人が偉《えら》い。うんと苦労しなさい。偉くなろうとか、人気《にんき》を得《え》ようとか、考えないでいくことが大事である。

――平4・10・21

＊

陰《かげ》の立場の人が本当に大事である。幹部は、その人たちを心から大切にしていかねばならない。陰の支《ささ》えがあって、幹部として戦わせていただいていることを、決して忘れてはならない。

――平5・3・4

＊

大変なときに、一人《ひとり》、「毅然《きぜん》たる心」で、だれが見ていようが見ていまいが、法のため、人のために行動していく。その人に、大長者《だいちょうじゃ》の福徳《ふくとく》が積《つ》まれないわけがない。

――平5・10・15

＊

学会が発展を遂《と》げたのは、陰《かげ》の陰で、地道に働《はたら》き、戦ってこられた方がたくさんいるからである。十年、二十年、三十年と戦ってきて、今でも特に幹部にはなっていない方もたくさんおられる。苦労もせず、トントン拍子《びょうし》に役職が高くなった幹部よりも、その方々は何百倍も何千倍も尊《とうと》い。そういう人を大切にしていきたい。

——平5・12・1

■苦労・苦難

人生に迷《まよ》い、悩《なや》みに苦《くる》しむ人々に、温《あたた》かく、また強き慈愛《じあい》の心で救《すく》いの手をさしのべようと、日々奔走《ほんそう》される先輩幹部の姿《すがた》ほど尊《とうと》く、また美しいものはない。地涌《じゆ》の菩薩《ぼさつ》である同志のために、自身の休息《きゅうそく》や報酬《ほうしゅう》を考えず、ひたすら活躍されている先輩の友に、満腔《まんこう》の感謝をささげたい。そして若きリーダーには、こうした大先輩への深き尊敬《そんけい》と感謝の念《ねん》を絶対に忘れてはならない。

——昭61・8・2

＊

青年部に、「苦労をせよ」「自《みずか》らを鍛《きた》えよ」と、繰《く》り返《かえ》し申し上げるのは、厳《きび》しさにもまれるなかにしか、優《すぐ》れた指導者になる道は絶対にないからである。甘《あま》やかされた特権階級《とっけんかいきゅう》にはなってはならない。〝庶民《しょみん》の味《あじ》〟〝庶民の心〟のわからぬリーダーでは、民衆がかわいそうである。広布の前進にあっても、庶民性豊かな、だれもがホッとする指導者の存在が、どれほど大きな力《ちから》を生むか、計《はか》り知《し》れない。

——昭62・11・2

*

指導者にとっては、苦労こそ財産《ざいさん》である。さまざまな経験を重《かさ》ね、その人生体験の深さが、人の心を理解する深さに直結《ちょっけつ》していく。その人こそ、〝人間の指導者〟の要件《ようけん》をそなえた人である。

——昭63・11・11

*

人々には喜《よろこ》びを与え、自身は苦《くる》しみを引き受ける。そういう〝根《ね》っこ〟の存在の指導者がいるからこそ、人々の幸福の開花《かいか》がある。

——平2・4・16

*

自分が一身《いっしん》に難《なん》を受ける。苦労を引き受ける。そして同志を厳然《げんぜん》と守りぬいていく。これが学会のリーダーの根本《こんぽん》精神である。

——平5・4・13

*

人間として、また指導者としての真価《しんか》は、どこにあるか——。ただ苦《くる》しみをじっと耐《た》えるから偉《えら》いのでは決してない。民衆のため——たとえば教員《きょういん》ならば学生のために——あらゆる苦難《くなん》に耐えぬいて、人々の幸福の道を厳然《げんぜん》と創《つく》りゆく人こそが、真に偉大《いだい》な人である。

——平5・11・3

＊

人まかせでなく、自分自身が苦労を。苦労を避《さ》けず、〝苦労に徹《てっ》して〟こそ本《ほん》物《もの》の指導者へと磨《みが》かれる。

——平6・1・6

心構え

■気配り

リーダーは、会場提供者や会館管理者の方など、陰《かげ》の功労者《こうろうしゃ》への細《こま》やかな心遣《こころづか》いを忘れてはならない。何か思っても言いだせずに苦《くる》しんでいることはないだろうか。何か人知《ひとし》れず困《こま》っていることはないか等々、つねに心を配《くば》りながら、一人《ひとり》一人を慈《いつく》しんでいただきたい。

——昭62・10・21

＊

人間の心理、一念というものは、まことに微妙《びみよう》である。その、いわば毛細血管《もうさいけつかん》のごとき微細《びさい》な要所《ようしよ》に向かって、指導・激励の注射《ちゆうしや》をし、薬《くすり》を入れて癒《いや》していく。ここに真実の仏法指導者、人間指導者の実践《じつせん》がある。繊細《せんさい》なうえにも繊細に心を砕《くだ》き、そのうえで、力強《ちからづよ》き蘇生《そせい》への励《はげ》ましを続けていけるリーダーでなければならない。　――昭62・11・15

＊

多くの尊《とうと》い仏子《ぶつし》が集《つど》う場で、不注意による事故を起《お》こし、大勢《おおぜい》の人々に迷惑《めいわく》をかけるようなことは絶対あってはならない。仏子を守るため、私も陰《いん》に陽《よう》に心を配《くば》ってきた。各会館の中心者には幾度《いくど》となく注意を呼《よ》びかけてもきた。人々の生命を守り、安全に、喜《よろこ》んで信心に励《はげ》めるよう心を尽《つ》くすのが、仏法者の責務《せきむ》であるからだ。　――昭63・4・1

＊

二十一世紀の展望《てんぼう》を語《かた》り、平和を論《ろん》ずることも大切であるが、やはり「小事《しようじ》が大事《だいじ》」である。「信心即《そく》生活」で日々の生活の足元《あしもと》を固《かた》めることがいっさいの根《こん》本《ぽん》となる。社会にあっても、〝一流〟といわれる指導者、また発展している組織、団体では、そうした〝小事〟への配《はい》慮《りょ》を決しておろそかにはしていない。

――昭63・4・1

＊

以前に〝気配《きくば》り〟の大切さを述べた本が話題《わだい》を呼《よ》んだ。人間関係の潤滑油《じゅんかつゆ》ともいうべき、人情《にんじょう》の機微《きび》をふまえた〝気配り〟は大切である。組織で傲慢《ごうまん》な振《ふ》る舞《ま》いや、純真《じゅんしん》な会員を苦《くる》しめる幹部の言動《げんどう》は、絶対にあってはならない。もちろん、信心の指導はどこまでも厳格《げんかく》でなければならないが、他の次元においては、相手の心を温《あたた》かくつつみ込《こ》む言葉づかい、気配りを心がけていくべきである。そして、だれが見ても麗《うるわ》しい同志愛と、家族的な安《やす》らぎのある世界をつくっていきたい。リーダーは特に、陰《かげ》で一生懸命《いっしょうけんめい》に働《はたら》いている後輩を大事にしていくべきである。

――昭63・6・26

＊

目立たない、細《こま》かな基本を、一つ一つきちっと固《かた》めていく。そのために心を砕《くだ》き、思索《しさく》し、陰《かげ》ながら配慮《はいりょ》に配慮を重《かさ》ねる。これが事《こと》をなす人物に共通する姿勢である。また仏法の正しい生き方である。私も広宣流布のため、学会員のために、だれひとり気がつかない細かなところに、懸命《けんめい》に心を砕いてきた。神経《しんけい》をすりへらし、思いをめぐらし、気を配《くば》りに配ってきた。あの人はどうしているか。この点はこれでよいのか。一つ一つ真剣に手を打ってきた。その針の先で突《つ》くような小事《しょうじ》の積《つ》み重《かさ》ねを避《さ》けて、広宣流布の大事《だいじ》は、一歩も前に進まないことを、深く知っているからである。その意味から言えば、幹部は、すべてにわたって今の百倍、千倍の配慮をしてほしい。

――昭63・8・24

*

リーダーは、同志を思いやり、大切にし、誠意《せいい》を尽《つ》くしていく「心」を忘れてはならない。指導者は、どうすれば友が喜《よろこ》び、心はずんで信心に励《はげ》んでいかれるのか、つねに考え、配慮《はいりょ》に配慮を重《かさ》ねていかねばならない。あらゆる知恵《ちえ》をつかって友を歓喜《かんき》させていこうという、その誠実《せいじつ》そのものの行動と、人間性あふれる心の絆《きずな》によって、ゆるぎなき広宣流布の大道《だいどう》はいやまして広がっていくからである。

――昭63・9・7

*

夜遅くまで、打ち合わせ等と称《しょう》して家に帰らず集まっているのが、強盛《ごうじょう》な信心とはいえない。皆、眠《ねむ》くてぼんやりしているのでは、効果《こうか》はあがらず、無駄《むだ》な時間がかかる。価値《かち》を創造《そうぞう》するのが〝創価〟

の実践《じつせん》なのに、これでは反対である。特にリーダーは、この点をよくわきまえ、無《む》理《り》と無駄のない活動をお願《ねが》いしたい。無理は長続きしないものである。

——平2・9・28

＊

何《なに》よりも大切なことは、仏子《ぶつし》である会員が「安堵《あんど》できるかどうか」「安心できるかどうか」「安穏《あんのん》であるかどうか」である。何事《なにごと》を行う場合でも、それを第一義にしていくべきである。また、これを基準《きじゆん》としていけば、根本的《こんぽんてき》な誤《あやま》りはない。皆が、何《なん》の憂《うれ》いもなく、安心して、喜《よろこ》びの前進ができるように、頭を使《つか》い、心を砕《くだ》き、体を動かしていく。それが、リーダーの根本の役目《やくめ》であることを、心に刻《きざ》んでいただきたい。

——平2・10・26

＊

一言いってあげれば、パッとわかることが多い。また、わかりきっていると思うことでも、「交通事故」「戸締《とじ》まり」の注意等々、一言いうことで、油断《ゆだん》という魔《ま》を破《やぶ》れる場合がある。ここに「声仏事《こえぶつじ》を為《な》し」、また、いわば「声菩薩《ぼさつ》事を為し」て、互《たが》いに大《おお》いなる功徳《くどく》に浴《よく》することができるのである。

——平3・7・10

＊

リーダーは、人々を疲《つか》れさせてはならない。話もさまざまに角度《かくど》を変え、工夫《くふう》をしながら、皆に新鮮《しんせん》な感動を与えていかなくてはいけない。やたら大声をあげて、しかも話の中身《なかみ》がない。これでは求《きゅう》道心《どうしん》をもって聞いている人々がかわいそうである。耳を傾《かたむ》けるうち、自然に勇気がわき、活力《かつりょく》がみなぎってくる。こうした〝名指導〟のリーダーであってほしい。

——平3・8・18

＊

綿密《めんみつ》な計画、冷静《れいせい》な分析《ぶんせき》、周到《しゅうとう》な準備《じゅんび》、そして慎重《しんちょう》な遂行《すいこう》——そこに人知《じんち》のかぎりを尽《つ》くしてこそ、勝利の光《ひかり》は見えてくる。〝かけ声〟や〝はったり〟だけでは、人はついてこない。勝てるはずもない。事前《じぜん》に、だれよりも考え、だれよりも心を砕《くだ》いてこそリーダーである。

——平4・4・12

＊

人間は機械《きかい》ではない。組織も人間の集まりである以上、機械のボタンを押《お》すみたいに、上から命令しているだけで、皆の力《ちから》を引きだしてあげられるはずがない。皆が喜《よろこ》んで、楽しく活躍できるように、目に見えないところで、祈り、知恵《ちえ》をしぼり、配慮《はいりょ》をつくしてこそ、本当の指導者である。簡単《かんたん》なものではない。上が官僚的《かんりようてき》になってしまったら、どんな組織でも下降線《かこうせん》である。――平4・8・16

＊

幹部は、会員の「健康」「無事故」に気を配《くば》ることである。祈って、祈って、祈り通していける幹部であっていただきたい。それが全部、自分自身の福徳《ふくとく》になっていくのである。――平5・5・22

＊

会合を開く場合も、参加する人にとって、開会時間、集合時間は都合《つごう》がよいか、行き帰りの交通の便《べん》は大丈夫か等、事前《じぜん》の細《こま》かい配慮《はいりよ》は当然として、集《つど》ってきた人々が、〝おなかがすいていないか〟〝疲《つか》れていないか〟等を、敏感《びんかん》に察知《さつち》していきたい。参加者が疲れているときは、長時間の会合は苦痛《くつう》を増《ま》すだけで、価値的《かちてき》ではない。難《むずか》しい話も耳に入らない。そういうときは、運営する側《がわ》が会合を早く終えて、皆が早く帰宅して休めるようにすることである。――平5・5・22

＊

「会員の心」「民衆の心」に気を配《くば》らないのは、本当の指導者ではない。指示《しじ》し、命令しているだけでは、軍隊と同じである。また、民意《みんい》をまったく忘れた今の日本の政治のようなものだ。温《あたた》かく、こまやかな気配り――それが真の指導者である。

――平5・6・15

＊

すべてに喜《よろこ》びを見いだしていく――自分が喜べば、周囲《しゅうい》も、さわやかになる。笑顔が広がる。価値《かち》が生まれる。リーダーは、何より皆が喜んで前進できるように心を砕《くだ》くことである。怖《こわ》い顔をして、すぐにどなるような幹部では、皆がかわいそうである。リーダーとして長続きしない。かりに学会の中では周囲の忍耐《にんたい》に支《ささ》えられて続いても、社会では通用《つうよう》しない。

――平5・6・28

＊

皆が安心して行動できるよう、徹底して心を配《くば》るのが、仏法の真の指導者である。疲《つか》れてはいないか、空腹《くうふく》ではないか、問題はないか――皆が今、何を望《のぞ》んでいて、何が必要なのか、つねに考え、細《こま》やかに配慮《はいりょ》し、具体的に行動してあげることである。

――平5・9・9

＊

学会のリーダーは、絶対に官僚《かんりょう》主義になってはならない。命令主義、組織主義であってはならない。リーダーが、細《こま》かいところまで「気を配《くば》り」「心を配り」、かゆいところに手が届《とど》くくらいの真剣さで、皆のことを大切にしていくとき、初めて温《あたた》かい、血の通《かよ》った組織ができてくる。それは自分自身の惰性《だせい》との、たゆまぬ戦いである。

――平5・12・1

＊

広布の活動にあっては、女性への配慮《はいりょ》ができるリーダーであってほしい。皆を守るのが指導者である。たとえば、婦人部が、なるべく早く帰宅できるよう、中心者は価値的《かちてき》な判断《はんだん》をして、送り出してあげるべきである。男性の都合《つごう》が中心であっては絶対にならない。婦人部が一番、働《はたら》いているのだから、婦人部を中心に考え、実行するのが当然である。男性の中心者には、その責任がある。

――平6・1・20

＊

家庭指導をする場合も、子どもさんにも配慮《はいりょ》していただきたい。他の家族の方にも、最大の礼儀《れいぎ》で接《せっ》することは当然である。とくに小さな子どもに対しては、こちらもあまり意識《いしき》しない場合がある。しかし、どんな小さな子どもでも、全部、こちらの振《ふ》る舞《ま》いをじっと見ている。幹部の姿《すがた》を通して、その子どもは学会のことと、信心のことを判断《はんだん》していく。しかも子どもには、大人が想像《そうぞう》もできない鋭《するど》い触角《しょっかく》がある。たとえば、お父さん、お母さんが、幹部から指導されている姿を見て、〝お父さん、お母さんを叱《しか》っている〟〝いじめている〟と思う子どもがいるかもしれない。それは指導の口調《くちょう》や言葉づかいにもよる。優《やさ》しく、丁寧《ていねい》でなければならない。これは家庭指導だけでない。会合や、外《そと》で会ったときも同じである。

――平6・2・5

■責任感

現在は、俗《ぞく》に〝無《む》責任《せきにん》時代〟などといわれるが、こうした風潮《ふうちょう》を、深く心配している。人間、特に指導者たちは、「いかなることにも自分で責任をとっていくことが当然であると思うからだ。無責任の風潮《ふうちょう》の彼方《かなた》には、取り返しのつかない大きな破《は》壊《かい》が待っている。また日々の活動にあっても、広布のリーダーは、大きなことにも、また、ささいなことにも、全責任を負《お》いながら、誠実《せいじつ》なる実践《じっせん》を貫《つらぬ》いてほしい。

――昭61・8・2

＊

深き信心の人、人格者《じんかくしゃ》、真心《まごころ》から後輩のめんどうをみていける人、それぞれの立場で強い責任感をもち、力《ちから》を磨《みが》いていく人――こうした人は、学会の世界にあっても、また社会にあっても周囲《しゅうい》から慕《した》われ、信頼される。また、たとえ一時の不遇《ふぐう》があっても、長い目で見たときには、おのずと力を最高に発揮《はっき》していけるのである。

——昭62・7・21

*

指導者として、民衆のため、人々のために、いったい何ができるのか、そのことを四六時中《しろくじちゅう》、考え、一直線《いっちょくせん》に行動する。その責任感と実行力が信頼の基盤《きばん》となる。

——昭62・12・19

*

幹部は公平に、自《みずか》らの担当する全地域へ激励の足を運《はこ》ぶ努力が必要である。自分の行きやすいところ、楽《らく》なところにばかり行くのでは要領《ようりょう》であり、責任感ではない。信心でもない。

——昭62・12・19

*

たとえば会合がある。たくさんの方々が参加される。会合が終了し、そこで中心者の責任が終わったのではない。その方々が全員、無事故で自宅に帰り着かれるまで、会合は終わらないと考えていく。そこまで見守《みまも》り、見届《みとど》けるように、気づかっていく。それが大聖人の仏法を奉《ほう》じ、仏子《ぶっし》を守りゆく指導者の責任である。

——昭63・5・11

＊

中心者が慢心《まんしん》の人となって、正しき「師《し》」を求めようとせず、また「法」を学《まな》ぶ努力を怠《おこた》ってしまったならば、その地域の広宣流布は停滞《ていたい》し、多くの人々の信心もにごらせてしまう。仏法は厳《きび》しく、中心者の責任は重い。学会員は、久《く》遠元《おんがん》初《じょ》からの約束《やくそく》で、それぞれの地に願《ねが》い来《きた》った「地涌《じゆ》の勇者《ゆうしゃ》」である。環境《かんきょう》に負《ま》けたり、困難《こんなん》を避《さ》けては、自《みずか》らの使命を果《は》たすことはできない。中心者の「信心」「教学」「人格《じんかく》」の前進が、その人自身の成仏《じょうぶつ》はもとより、後輩の成長、地域広布の前進へとつながりゆくことを深く銘記《めいき》したい。

——昭63・9・12

＊

一流のリーダーは緻密《ちみつ》である。大言壮《たいげんそう》語《ご》なら、だれにでもできる。他の人が気づかない、それでいて切実《せつじつ》な、急所《きゅうしょ》というべき点に目をとめ、一つまた一つ、仕《し》上《あ》げていく。そこに懸命《けんめい》な責任感のあらわれがある。

——昭63・10・29

＊

〝地道〟であっても、強い〝責任感〟をもって〝必死《ひっし》〟の取り組みができる人は、どこへ行っても勝利の道を開くことができる。反対にそれができない人は、何をやっても中途半端《ちゅうとはんぱ》になる。私は広布のために、どんなに地味《じみ》で小さなことでも全力でやりきり、勝ちぬいてきたつもりである。「信心」の精髄《せいずい》、また「師弟《してい》」の強い絆《きずな》といっても、こうした地道な努力と戦いなくして絶対にありえないからである。

——昭63・11・30

＊

「民主」といっても、無価値《むかち》な批判《ひはん》のための批判があってはならない。皆、同志である。同志は家族以上の、三世《さんぜ》にわたる妙法の友である。ましてリーダーともなれば、場合によっては自《みずか》らの家庭の団欒《だんらん》すら犠牲《ぎせい》にしながら、人々の面倒《めんどう》をみている。そうした先輩の活躍があったればこそ、皆が、今日まで、安心して信心に励《はげ》んでこられたのである。その感謝と同志愛、いたわりと協力は、絶対に失《うしな》ってはならない。「民主」の時代とは、役職が上とか下とかではなく、一人《ひとり》一人が賢明《けんめい》になる時代である。一人一人が「私こそ地域広布の主人公《しゅじんこう》であり、責任者である」という、〝リーダーの自覚《じかく》〟をもって立ち上がる時代なのである。

——平2・6・8

＊

用意周到《よういしゅうとう》さ、あらゆる場合を想定《そうてい》しての準備《じゅんび》、手の打ち方——それは真剣な責

任感から生まれる。〝何《なん》とかなるだろう〟などと思っているのは、すでに敗北《はいぼく》の姿《すがた》である。　――平4・4・12

＊

信心を、仮《かり》にイコールで結《むす》ぶとすれば、それは広布への責任ということである。本当の信心とは、責任を自覚《じかく》しているかどうかで決まる。一生懸命《いっしょうけんめい》に勤行する。これも当然、信心の行動である。しかし、日蓮大聖人の御遺命《ごゆいめい》である広宣流布という観点《かんてん》でみれば、信心とは「自行《じぎょう》化他《けた》」であり、人々を根本的《こんぽんてき》に救《すく》っていくという責任にある。　――平4・10・21

＊

創価学会は絶対に無事故で進んでまいりたい。そのためにも一つ一つの活動、日々の行動に、責任をもって真剣に取り組んでいくことである。リーダーの明快《めいかい》な指導・激励、そして真心《まごころ》の「祈り」が、会員の事故を未然《みぜん》に防《ふせ》いでいく。自他《じた》ともの「意識《いしき》革命」に挑戦《ちょうせん》していきたい。　――平4・12・23

＊

指導者が責任を自覚《じかく》するか否《いな》か、「本《ほん》気《き》」になって、自《みずか》ら勝利への闘争《とうそう》をし、自ら道を開くか否か――この一点が大事である。本物《ほんもの》の指導者か、格好《かっこう》だけの偽《にせ》者《もの》か。その違《ちが》いは天地《てんち》雲泥《うんでい》である。

――平5・6・15

*

責任者には、結果を出す「源泉力《げんせんりょく》」が必要である。なすべきことがあれば、だれがしなくとも、自分がやる。言うべきことがあれば、あえて自分が言う。どんな風圧《ふうあつ》にも逃《に》げない。そして、どんどん現実を変え、前進させていく。その「強さ」と「力《ちから》」があってこそ、厳《げん》として同志を守り、責任を果《は》たせるのである。

――平6・5・14

■率　先

いつの時代であれ、またいかなる分野であれ、草創期《そうそうき》を開き、築《きず》いた先人《せんじん》の姿《すがた》というものは、後世《こうせい》の鑑《かがみ》となり、未来へ、無限《むげん》の知恵《ちえ》の光《ひかり》を与えゆくだろう。また、先駆《せんく》の功労《こうろう》は、ときとともに輝《かがや》きを増《ま》し、光彩《こうさい》を広げていくに違《ちが》いない。

――昭63・11・18

*

先に信心の経験の浅《あさ》い後輩に苦労をさせて、力量《りきりょう》もあり経験も豊富《ほうふ》な幹部はいつも後《あと》から出ていく、というようなことは絶対にあってはならない。もし、そうしたリーダー自身の傲慢《ごうまん》さと無責任《むせきにん》によって、尊《とうと》き仏子《ぶつし》である後輩・同志が不必《ふひつ》要《よう》に苦《くる》しむことがあれば、それは仏法の精神に反《はん》する。広布の指導者として失格《しっかく》である。

――昭63・12・17

＊

広布の指導者である幹部は、まず自《みずか》らが率先《そっせん》して指導を読み、咀嚼《そしゃく》し、自分のものとしていただきたい。そうでないと、どんなに多くの指導がなされても、結局《けっきょく》は空転《くうてん》となってしまう。指導を聞いては、ただそれを伝える。自分自身で考え、咀嚼しない。それで事足《ことた》りると考えていたら、大きな間違《まちが》いである。そうした形式的な、〝官僚的《かんりょうてき》〟ともいえる存在に、幹部は絶対になってはならない。そこには、みずみずしい信心の流れも、温《あたた》かな魂《たましい》の脈動《みゃくどう》も伝わらない。

――平1・8・24

＊

口先《くちさき》だけの指導者に、民衆の信頼はない。号令《ごうれい》、命令だけの幹部には、周囲《しゅうい》も不信と疲《つか》れが増大《ぞうだい》するだけである。つねに先頭に立つ、率先垂範《そっせんすいはん》のリーダー。いつも真摯《しんし》にベストを尽《つ》くす指導者。そのもとに真の団結は生まれ、勝利への歯車《はぐるま》の「エネルギー」と「回転」が生《しょう》じていくのである。

――平1・10・18

＊

自分が「成仏《じょうぶつ》しよう」という求道心《きゅうどうしん》と、「後輩（後継《こうけい》の人）を育《そだ》てよう」という祈りは、一体であって別々のものではない。リーダー自身が信仰者として成長し、境涯《きょうがい》を開いた分《ぶん》だけ、後輩も伸びる。「目標」を指《さ》して先頭《せんとう》の人が歩《あゆ》みを運《はこ》べば、あとに続く人々も前へ進める。号令《ごうれい》だけで、一歩も進まなければ後《うし》ろの人がつかえてしまう。これは道理《どうり》である。

――平2・5・23

＊

自《みずか》ら先駆《せんく》をきって進む――。「率先垂《そっせんすい》範《はん》」こそ広宣流布のリーダーの条件である。反対に、口先《くちさき》ばかりで行動もせず、いつも人を〝動かそう〟とする指導者では、人々は歓喜《かんき》もわかないし、自信もつかない。ゆえに全体が敗北《はいぼく》の方向に行《い》ってしまう場合がある。

――平3・8・17

＊

〝先頭《せんとう》〟に立って戦う――それでこそ革命児である。私もその決心で矢面《やおもて》に立ってきた。ゆえに、迫害《はくがい》も多い。陰《かげ》に隠《かく》れていれば、風圧《ふうあつ》もないであろう。いずれにしても、〝革命は死なり〟である。死ぬ決心なくして偉大《いだい》な道は開けない。

広布の偉業《いぎょう》にあっては、なおさらである。牧口先生も、戸田先生も、一命《いちめい》を賭《と》して広布の道を開かれた。私も毎日、〝臨《りん》終只今《じゅうただいま》〟の決意で戦ってきた。

――平3・9・8

*

〝率先《そっせん》〟が人生を開くカギである。そこから〝新しい時代〟も〝新しい歴史〟も開かれていく。〝人にやらせよう〟という要領《ようりょう》主義は、組織悪《あく》であり、権威《けんい》主義、官僚《かんりょう》主義といえよう。それでは何より自分の成長はない。

――平4・3・10

*

勝利はリーダーの、敢然《かんぜん》と一人《ひとり》立った〝体当《たいあ》たり〟の戦いから始まる。要《よう》は〝一人〟である。〝一人〟で決まる。何があっても止まらない。退《しりぞ》かない。何があっても前へ進む。戦う。私も、この〝体当たり〟で道を開いた。そして勝った。勝たなければ自由はない。負《ま》ければ不自由である。束縛《そくばく》されてしまう。「自由の春」は率先《そっせん》の行動で勝ち取るものである。

――平4・3・10

*

リーダーは、まず自《みずか》らが、あらゆることを学《まな》んでいくことだ。勉強しない人は指導者ではない。〝進まざるは退転《たいてん》〟である。きのうの自分と、きょうの自分が同じでは、信仰した意味がない。自分が学ばず、自分が動かないで、人にだけ、やらせようとするのは組織悪《あく》である。厳《きび》しく言えば、いわゆる〝組織人間〟〝組織バカ〟にさえなってしまうのである。

――平4・5・12

＊

指導者は仕事をしなければならない。だれよりも率先《そつせん》して働《はたら》くのがリーダーである。人々の上に君臨《くんりん》して、威張《いば》ったり、自分のことだけを考えているような人間は、指導者ではない。――平5・4・13

＊

ナポレオンは、戦いにあって、つねに先頭に立った。「つねに先頭に」――これが指導者の鉄則《てつそく》である。次元は異《こと》なるが、大聖人も、法戦《ほうせん》の先頭に立って戦われた。ゆえに門下《もんか》の私も、つねに先頭に立つ。皆に戦わせ、自分は後《うし》ろに隠《かく》れて、楽《らく》をしようというような卑怯《ひきょう》なリーダーであってはならない。

――平5・6・15

＊

指導者が成長しない組織は、皆が苦《くる》しむ。道路で前の車が止まっていては、後《あと》の車は進めない。リーダー自身が成長し、境涯《きょうがい》を開く。そこにいっさいのカギがある。

——平5・12・1

■勇　気

学会は「魔《ま》」を恐《おそ》れずに、厳然《げんぜん》と戦ってきたがゆえに、今日の大発展と大功《だいく》徳《どく》がある。これからは、幹部や青年部は、安易《あんい》な考えであっては断《だん》じてならない。隆々《りゅうりゅう》たる発展を遂《と》げる大仏法の前進のなかで、いつしか、「謗法《ほうぼう》」や「魔」とどこまでも戦いぬく精神が、薄《うす》らいでいくようなことがあっては絶対にならない。信心は臆病《おくびょう》であってはならない。また、他人まかせであってはならない。幹部であっても、障魔《しょうま》と戦っていくことを避《さ》け、周囲《しゅうい》の評価《ひょうか》を気にして要領《ようりょう》よく生きていこうとするのであれば、もはや信心とはいえない。

——昭63・4・22

＊

子どもが暴漢《ぼうかん》に襲《おそ》われているのを、黙《だま》って見ている卑怯《ひきょう》な父親はないであろう。大事な仏子《ぶつし》を追《お》いつめ、正法《しょうほう》広布の組織を破壊《はかい》しようとする輩《やから》を見て、怒《いか》りをもって断固《だんこ》、立ち上がらなければ、もはや仏法の指導者ではない。平穏《へいおん》なときは、さも信心強盛《ごうじょう》に見せかけ、嵐《あらし》の時には、小さく首をすくめて、口《くち》をつぐんでしまうような、意気地《いくじ》のない人間は、もはやだれからも信用されない。

——昭63・4・24

*

和合僧《わごうそう》を守る立場にありながら、難《なん》を避《さ》け、わずらわしさから逃《に》げている幹部には、信心向上の燃焼《ねんしょう》もなくなるに違《ちが》いない。喜《よろこ》びも感動もなくなる。信心が惰《だ》性《せい》となり、はては自分で重い罪《つみ》をつくってしまう。反対に、信心の世界を清浄化《せいじょうか》させていこうとする、決意と行動のある人の胸中《きょうちゅう》には、喜びがある。信心も深まり、かぎりない成長への道を歩《あゆ》み、無量《むりょう》の功徳《くどく》と福運《ふくうん》を招《まね》き寄《よ》せていける。ゆえに〝臆病《おくびょう》の心〟であってはならない。ここに、いやまして福徳《ふくとく》かおる勇者《ゆうしゃ》の人生となるか、苦悩《くのう》の人生となるかの岐路《きろ》がある。

——昭63・5・8

*

尊《とうと》き仏子《ぶっし》を守りぬくためには、決して臆病《おくびょう》であってはならない。つねに最前線《さいぜんせん》に飛《と》び込《こ》み、〝一兵卒《いっぺいそつ》〟となって毅然《きぜん》として戦う〝勇将《ゆうしょう》〟でなくてはならない。

——平1・2・20

*

「私は我慢《がまん》しているのだ」などと言って、悪《あく》と戦わず、悪を増長《ぞうちょう》させる者は、もはや地涌《じゆ》の菩薩《ぼさつ》ではない。広布の指導者ではない。かえって罪《つみ》をつくってしまう。正義を貫《つらぬ》くためには、意気地《いくじ》なしであってはならない。遠慮《えんりょ》してもならない。

——平1・8・2

＊

広布のリーダーは、第一に〝信心強き〟勇者《ゆうしゃ》でなければならない。そうでなければ、どんなに優秀《ゆうしゅう》なリーダーに見えたとしても、根本的《こんぽんてき》次元における魔《ま》との〝生命の戦い〟に勝利することはできない。「信心」が強いかどうか、それが真の強《きょう》者《しゃ》か否《いな》かの基準《きじゅん》である。

——平2・6・26

＊

信仰とは、最大の勇気である。真実に生き、何ものも恐《おそ》れない。それが信仰者である。どんな言葉で飾《かざ》ろうとも、真実は隠《かく》せない。事実は事実、虚偽《きょぎ》は虚偽である。この当然の道理《どうり》を、はっきりと言いきっていく。深遠《しんえん》そうな理論《りろん》にもだまされず、立派《りっぱ》そうな格好《かっこう》にも目をくらまされず、〝本当のこと〟を勇敢《ゆうかん》に叫《さけ》びきっていく。その人こそ、真の「魂《たましい》の勝者《しょうしゃ》」である。生涯、〝権力の人〟と戦う〝真実の人〟であられた大聖人の御精神《ごせいしん》に適《かな》った人生である。

——平2・12・9

＊

どんな名刀《めいとう》を持っていても、それを使《つか》う勇気がなければ、敵《てき》が現《あらわ》れた時に役に立たない。宝《たから》の持《も》ち腐《ぐさ》れである。同様に、御本尊を受持《じゅじ》していても、信心が弱く、臆病《おくびょう》であれば、本当の大功《だいく》徳《どく》は受けられない。環境《かんきょう》に負《ま》け、宿命《しゅくめい》に負け、魔《ま》にも敗《やぶ》れていく。

——平4・6・2

＊

リーダーは、どんな状況《じょうきょう》に直面しても、決して臆《おく》してはならない。皆ではない。幹部である。人ではない。自分である。人にやらせるのではなく、幹部自身が真剣に動いた時、そこから「道」が開ける。広布の勝利への道、自身の成仏《じょうぶつ》への道が開けるのである。

——平4・6・2

＊

「勇気ある者」は、冷静《れいせい》に物事《ものごと》を見るゆえに「知恵《ちえ》ある者」となれる。そして「知恵ある者」は、先を見ぬいているゆえに「勇気ある者」となれる。また、そうでなければならない。

——平4・7・17

＊

師子《しし》吼《く》すべきときに、しないのは臆病《おくびょう》

である。臆病な信心では、祈りは叶《かな》わない。「声仏事《こえぶつじ》を為《な》す」（御書七〇八㌻）と仰《おお》せのように、仏敵《ぶってき》を打《う》ち破《やぶ》る声を発《はっ》することは、仏《ほとけ》の所作《しょさ》に通《つう》じる。その叫《さけ》びを貫《つらぬ》く人こそが、成仏《じょうぶつ》の人である。

――平4・8・14

＊

大聖人は、「法華経の剣《つるぎ》は信心のけな《勇》げなる人こそ用《もちい》る事《こと》なれ鬼《おに》に・かなぼう《鉄棒》たるべし」（御書一一二四㌻）――法華経（御本尊）の利剣《りけん》は、信心の強い人こそが用《もち》いられる。（その人は）鬼に鉄棒《かなぼう》である――と仰《おお》せである。御本尊は、いっさいの不幸を断《た》ち切《き》る剣であり、名刀《めいとう》である。剣が無敵《むてき》であっても、使《つか》う人に勇気がなければ、敵は倒《たお》せない。不幸を断ち切るためには、信心の勇気こそが必要である。

――平6・2・17

■真剣

広布の歴史でも、大切な信頼をこわし、友と友の〝絆《きずな》〟を弱めてきたのは、つねに幹部のふざけであり、悪《あ》しき行動であった。それが、組織への不信、信仰への疑《うたが》いとなり、「団結」と「信心」が破《やぶ》られていった。ゆえに、広布のリーダーは、つねに真剣と誠実《せいじつ》の行動を堅持《けんじ》し、進んでいきたい。

――昭62・10・20

*

時代は刻々《こっこく》と変化し、移《うつ》り変《か》わっている。十年、二十年前と同じような話では、民衆の心をつかむことはできない。リーダーは、つねに研鑽《けんさん》し、心を砕《くだ》いて、人の心をつかみ、納得《なっとく》させていく、新鮮《しんせん》な話を心がけなければいけない。そのための真剣な労作業を決して惜《お》しんではならない。

――昭63・2・18

*

何事《なにごと》であれ、物事《ものごと》を正しく把握《はあく》し、究明《きゅうめい》しようとする深き探究心《たんきゅうしん》が大切である。特にリーダーには不可欠《ふかけつ》の要件《ようけん》といってよい。

――昭63・3・4

*

妙法の眼を開けば、「一切《いっさい》の法は皆是《みなこ》れ仏法」（御書五六四㌻）である。この究極《きゅうきょく》の一点にわが身《み》を置《お》いて、強盛《ごうじょう》なる信心を根本《こんぽん》に、徹《てっ》して学《まな》び、徹して思索《しさく》しゆくところに、広布への知恵《ちえ》を無限《むげん》に開いていくことができる。すべての知識を生かす道がある。中途半端《ちゅうとはんぱ》や表面的な知識の受《う》け売《う》りでは、民衆をリードする真の力《ちから》にはならない。社会的にも、現代の、とくに日本には、ヨーロッパなどに比《くら》べ、生半可《なまはんか》な、人まねにすぎない思想、言論《げんろん》があまりにも多い。そうした脆弱《ぜいじゃく》な精神風土《ふうど》を変革《へんかく》していくのも、仏法を弘《ひろ》めゆく学会の一つの重要な使命である。

ゆえに、学会のリーダーは、だれよりも透徹《とうてつ》した求道《きゅうどう》と思索と、生きた力ある思想の人でありたい。　――昭63・6・21

＊

指導者である以上、指導は真剣勝負でなければならない。せっかく剣道を習《なら》いにいったのに、指導者がだらけて〝勝手《かって》にやっておきなさい〟などと言っていたのでは、伸びるわけがない。かえってやる気を失《うしな》う。書道でも、ピアノでも、どの道でも同じである。いわんや広布の世界にあっては、仏法を求めてきた人に、指導者は生き生きと、全魂《ぜんこん》でこたえねばならない。その懸命《けんめい》な責任感を失うと、自身の心が衰《おとろ》え、心の死へと向かっていく。そうであっては絶対にならない。川が源流《げんりゅう》から海へと流れ続けるように、日々新《あら》たに原点から出発し、一生成仏《いっしょうじょうぶつ》という完成に向かって成長し続けなければ、本当の仏道修行《ぶつどうしゅぎょう》とはいえない。

――昭63・10・19

＊

何事《なにごと》であれ、人である。指導者に人を

得《え》るか否《いな》かで、いっさいの消長《しょうちょう》が決まってしまう。また、真剣でなく、力《ちから》がない人間にかぎって、何かあると文句《もんく》を言ったり、立場を利用して、うまく立ちまわり、結局《けつきょく》、多くの人々に迷惑《めいわく》をかける結果となることが多い。真摯《しんし》な人は、どこへ行っても真摯である。中途半端《ちゅうとはんぱ》な人は、何をしても中途半端となる。

――昭63・11・3

*

幹部は、いつも同じような内容の話ではなく、つねに新鮮《しんせん》な心からの納得《なっとく》と決意を呼《よ》び起《お》こすような話を心がけていくべきである。そのための真剣な研鑽《けんさん》、思《し》索《さく》の姿《すがた》は、後輩へのよい刺激《しげき》となり、励《はげ》みとなる。

――平1・1・29

*

仏法では「教《きょう》弥《いよい》よ実《じつ》なれば位《くらい》弥よ下《ひく》し」（妙楽《みょうらく》の「止観輔行伝弘決《しかんぶぎょうでんぐけつ》」の文《もん》）と説《と》く。「教《おし》えが、勝《すぐ》れたものになるほど下根《げこん》の衆生《しゅじょう》をも救《すく》う力《ちから》があり、悟《さと》りを得《え》る者の位は低《ひく》くなる」との意味である。その原《げん》義《ぎ》を踏《ふ》まえたうえで、わかりやすく、指導者論に約《やく》せば、勝れた法を説《と》く人ほど、より広範《こうはん》な「民衆」のなかに飛《と》び込《こ》んでいくべきであるとの教訓《きょうくん》を得ることができよう。妙法は大海《たいかい》にも譬《たと》えられる最高の法である。ゆえに、妙法を持った指導者は、だれよりも謙虚《けんきょ》に、また真剣に、誠実《せいじつ》に、「民衆とともに歩《あゆ》む」人でなければならない。

——平3・8・4

＊

真剣の人ほど強いものはない。光《ひか》るものはない。美しいものはない。いわんや「真剣」の二字で信心に励《はげ》む人は、三世《さんぜ》十方《じっぽう》の諸仏《しょぶつ》、諸天《しょてん》も、真剣に、その人を守っていく。御本仏・日蓮大聖人の大慈《だいじ》悲《ひ》に厳然《げんぜん》とつつまれていくことは間違《まちが》いない。また周囲《しゅうい》の人も、心打たれ、動かされていく。ふざけがあったり、中途半《ちゅうとはん》端《ぱ》であれば、本当の功徳《くどく》は出ない。

——平4・9・25

＊

指導者は、いろいろなことをチャンスととらえて成長していくことである。広布のため、民衆のために、真剣に悩《なや》んでいくということは、それ自体、仏《ほとけ》の境界《きょうがい》に通《つう》じる。

——平4・10・7

＊

真剣の人には、だれもかなわない。真剣のなかには〝誠実《せいじつ》〟が含《ふく》まれ、〝責任感〟が含まれている。そこから「勇気」も「知恵《ちえ》」も「勢《いきお》い」も、わいてくる。

——平5・10・10

＊

リーダーとは「だれよりも真剣な人」の異名《いみょう》である。どんな地域でも、運動でも、リーダーが必死《ひっし》でなくなったとき、停滞《ていたい》が始まる。そうであっては、真剣に働《はたら》いている人に対し、申《もう》し訳《わけ》ない。また、あまりにも無慈悲《むじひ》である。自分が真剣にやらずして、「だれかにやらせよう」というのは卑怯《ひきょう》である。官僚《かんりょう》主義である。自分が本気《ほんき》にやらずして、「何《なん》とかなるだろう」という気持ちがあれば、それだけで、すでに敗北《はいぼく》である。リーダーが「だれよりも真剣」でなければ、どんな名作《めいさく》戦《せん》があっても、小手先《こてさき》の策《さく》になってしまう。全部、指導者で決まる。

――平6・1・25

＊

リーダーは現場に入らなければならない。広宣流布の本流《ほんりゅう》の中に入らず、傍観《ぼうかん》しているだけでは、水しぶきを受けてただ濡《ぬ》れているようなもので、自分自身で不幸をつくるだけである。自分自身が広宣流布の本流の中で、真剣に戦ってこそ功徳《くどく》を受け、仏《ほとけ》になるのである。自分自身が、だれよりも真剣に行動してこそ、はじめて結果が出る。

――平6・2・10

＊

真剣でなければ結果は出ない。私は、どんな小さなことも、何ひとつおろそかにせず、ひとつひとつ、真剣、全力で取り組んできた。ゆえに勝った。自分が陰《かげ》で真剣にやらずして、価値《かち》ある結果が実《みの》るはずがない。

——平6・5・7

人格

■良識

幹部が仏法を知ることは当然である。信心の行動も当然である。そのうえで大切なことは、〝良識《りょうしき》〟と〝教養《きょうよう》〟と、幅《はば》広《ひろ》い〝指導力〟がなければならない。この三つをバランスよく、つねに保《たも》っていくことによって、広宣流布の見事《みごと》な指揮《しき》がとれることを、自覚《じかく》しなければならない。これが、社会のなかに、大きく生きゆく指導者の条件となる。

――昭62・10・20

＊

広布の指導者は、深き人間愛の人でなければならない。反対に傲慢《ごうまん》な指導者ほど忌《い》むべきものはない。また信用できない存在はない。力《ちから》のない人間ほど、すぐに慢心《まんしん》し、威張《いば》りだすものだ。これは社会のいかなる分野のリーダーでも同様である。また、そうしたリーダーのもとでは、組織は硬直化《こうちょくか》し、官僚化《かんりょうか》し、弱まっていくに違《ちが》いない。

――昭62・11・18

＊

「納得《なっとく》」――いかなる活動の場合でも、これこそが力《ちから》である。納得は確信を与え、独断《どくだん》は不安と不信を与える。納得は心の交流《こうりゅう》を生み、押《お》しつけは互《たが》いの心を遮断《しゃだん》させる。納得すれば、人は自《みずか》ら行動を起《お》こし、工夫《くふう》を始める。たとえ正しいことでも、納得できないかぎり、やる気も出ないし、能力《のうりょく》も十分《じゅうぶん》に発揮《はっき》できない。ゆえに、指導者が安易《あんい》に方針を変えることは、厳《きび》しく戒《いまし》めるべきである。

――昭63・11・11

＊

どんなに知識があっても、健康な常識（コモン・センス）がなければ、生かすことはできない。

――平3・9・30

＊

会員・同志に対して怒《おこ》ってはいけない。あくまでも対話の力《ちから》で人々を納得《なっとく》させゆく、道理《どうり》の人であっていただきたい。

——平3・10・2

＊

信心は「喜《よろこ》び」と「安心」「希望」を与えることが大切である。抑《おさ》えつけるような、また苦《くる》しめるような指導は絶対に慎《つつし》まねばならない。題目の偉大《いだい》な功徳《くどく》は当然のこととして、相手の状況《じょうきょう》に応《おう》じ、相手の立場に立って、みなが楽しく「信心即《そく》生活」のリズムで進めるように、明《めい》快《かい》な、良識《りょうしき》豊かな指導であっていただきたい。唱題の渦《うず》を起《お》こそうと思えば、リーダー自《みずか》らが、率先《そっせん》して深く強く、祈ればよいのである。

——平5・5・4

＊

無理《むり》や強制《きょうせい》で大勢《おおぜい》の人をリードしていけるはずがない。長続きするわけがない。広宣流布どころか、みな、離《はな》れていってしまう。結論《けつろん》していえば、すべてにわたって、どこまでも〝その国の幸福のため〟〝その人の幸福のため〟に、一番よい道を考えてあげるのが、仏法の心である。それが、釈尊《しゃくそん》の心であり、大聖人の御心なのである。常識のある柔軟《じゅうなん》な知《ち》恵《え》にこそ、仏法の光《ひかり》は輝《かがや》いている。そこに真の強盛《ごうじょう》な信心はある。

――平5・5・4

■寛　容

「心広々《こころひろびろ》とした指導者であれ」――これも、戸田先生がよくいわれていた指導である。心広き人のもとにいる人は、幸福である。温《あたた》かな理解と期待、そして真《ま》心《ごころ》の応援《おうえん》を受けて、伸び伸びと進んでいけるからだ。反対に、心狭《こころせま》き指導者と一《いっ》緒《しょ》にいる人は、不幸である。理解もされず、包容《ほうよう》もされず、つねに堅苦《かたくる》しい思いで、萎縮《いしゅく》していなければならない。まことに悲《かな》しいことである。リーダーは心広々とした、人間性豊かな人であってほしい。むろん、簡単《かんたん》にそうなれるものではない。真剣に努力し、唱題を重《かさ》ねてこそ、はじめて向上と前進が始まるのだ。

――昭63・2・20

＊

信心の世界は、御本尊のもとに、皆、平等である。私もこれまで、スピーチ等で仏法の民主の精神を種々《しゅじゅ》、語《かた》ってきた。民主の自覚《じかく》が進むほど、幹部に対して厳《きび》しい評価《ひょうか》が下《くだ》される場合もある。「もっと私たちの意見を聞いてくれたら」「もっと会員を訪《たず》ねてほしい」「役職を外《はず》れたら、会合に出席しなくなった。いったい、何《なん》のための信心なのか」等々、事実、人々の眼はまことに鋭《するど》い。つまり、本物《ほんもの》の人格《じんかく》と力《ちから》を備《そな》えたリーダーであるかどうか。謙虚《けんきょ》な求道《きゅうどう》の信心をもち、陰《かげ》で戦っている人々の意見を吸収《きゅうしゅう》できる、広い度量《どりょう》をもった指導者であるかどうかが、ますます問われる時代になったのである。

――平2・6・8

＊

たとえ世間《せけん》が騒然《そうぜん》となったとしても〝またこれで信心が鍛《きた》えられる。新しい大発展の好機《こうき》である。ありがたいことだ〟と莞爾《かんじ》とほほえんでいくぐらいの余裕《よゆう》と沈着《ちんちゃく》さをもって、同志を守りゆく、広布のリーダーであっていただきたい。すべてを大きな心でつつみ、つねに希望をつくり、喜《よろこ》びを与えゆくリーダーであっていただきたい。

――平3・6・13

＊

リーダーは、寛容《かんよう》であることだ。むやみに怒《おこ》ったり、感情的になっては、決して前向きな価値《かち》は生まれない。どこまで細《こま》やかな心配《こころくば》りができるか、どこまで親《しん》身《み》になり、相手の心の〝枷《かせ》〟を取《と》り除《のぞ》いてあげられるか。安心を与えながら、伸び伸びと力《ちから》を発揮《はっき》させていくか。それがリーダーの、自分との戦いであり、使命である。

——平4・4・12

＊

指導者は信心を根本《こんぽん》にしたうえで、皆を窮屈《きゅうくつ》に縛《しば》るのではなく、皆が楽《らく》になり、安心し、納得《なっとく》できるよう柔軟《じゅうなん》に対処《たいしょ》すべきである。それが価《か》値《ち》創《そう》造《ぞう》の指導者である。

——平6・1・6

＊

意見をじっくり聞いてあげることである。幹部になればなるほど、皆の声に耳を傾《かたむ》けなければならない。しかし実際には幹部ほど、それができなくなる傾向《けいこう》がある。皆が納得《なっとく》して、伸び伸びと活躍できるよう、幹部が包容力《ほうようりょく》をもってほしい。

——平6・2・25

■謙　虚

謙虚《けんきょ》であるからこそ真実が真実のままに、くっきりと心に映《うつ》し出《だ》される。傲《おご》れる目には眼前《がんぜん》の事実も、ゆがんで見える。指導的立場になればなるほど、この点を深く自《じ》戒《かい》しなければならない。

——昭63・9・17

＊

会合においても、男性の幹部は、婦人

部の方々を最大の真心《まごころ》で迎《むか》え、謙虚《けんきょ》に礼《れい》を尽《つ》くして接《せつ》していただきたい。どのような場合でも、幹部が傲慢《ごうまん》になり、健気《けなげ》な同志を見くだしたり、ないがしろにするような態度《たいど》は、絶対にあってはならない。

——平1・3・29

＊

いわゆる〝権威《けんい》の指導者〟であるのか、それとも〝信心の指導者〟であるのか。また組織の力《ちから》に安住《あんじゅう》した〝組織悪《あく》の指導者〟なのか、それとも仏法の力を身《み》に体《たい》した〝仏法の指導者〟なのか——自分に絶《た》えず問いかけ、謙虚《けんきょ》に自身を磨《みが》き、成長していかねばならない。

——平1・11・18

＊

リーダーはつねに、謙虚《けんきょ》な姿勢で大法《だいほう》を求めることが大事であり、正しき信心の指導を受けていくことが必要なのである。「自分は長年《ながねん》、信心しているから……」「教学は、もう十分《じゅうぶん》にわかっているから……」などと言って、だれにも指導を求めず、勝手《かって》に振《ふ》る舞《ま》えば、いつしか独善《どくぜん》に陥《おちい》り、正法正義《しょうほうしょうぎ》の軌道《きどう》からはずれてしまうのである。

——平2・3・18

＊

幹部は「威張《いば》ってはいけない」。どこ

までも謙虚《けんきょ》なリーダーでなくてはならない。

――平3・10・2

＊

リーダーが傲慢《ごうまん》になると、正しい報告に耳を傾《かたむ》けなくなる。建設的な意見を取り上げなくなる。また、実行に移《うつ》さなくなる。そうなれば官僚《かんりょう》主義である。学会もこれだけ大きくなって、官僚主義がはびこることを私は恐《おそ》れる。私は一人《ひとり》、その恐るべき組織の堕落《だらく》と戦っている。会員の意見をバカにするような幹部は、幹部とはいえない。会員のほうが、よほど立派《りっぱ》である。

――平5・4・20

＊

つねに学《まな》ぶ謙虚《けんきょ》さは、その人の大きさの表《あらわ》れである。とくに、リーダーは、組織の立場だけで、自分が偉《えら》いように慢心《まんしん》してしまう傾向《けいこう》がある。そして、威張《いば》ったり、立派《りっぱ》な人を下に見たりする。それでは人々の心が離《はな》れ、自分の福運《ふくうん》も消《け》してしまう。リーダーは、立場が上になればなるほど、〝皆から学ぼう〟という姿勢を強くもつべきである。

――平5・9・18

■誠　実

人々に、心から納得《なっとく》と共感を与えていく最上《さいじょう》の道は、〝誠実《せいじつ》〟と〝真心《まごころ》〟を尽《つ》くしていくことである。それに対し、傲《ごう》慢《まん》、驕慢《きょうまん》、増上慢《ぞうじょうまん》が心にひそみ、相手を見下《みさ》げていくときに、必《かなら》ず人々の心は離《はな》れてしまうものである。表面上にいかなる美辞麗句《びじれいく》を並べようとも、また華《はな》やかな立派《りっぱ》そうな振《ふ》る舞《ま》いをみせても、それは一時的なものであり、長続きしない。人の心は賢明《けんめい》である。広宣流布に向かいゆく指導者としての心構《こころがま》えは、この一点を決して忘れてはならない。

――昭62・9・21

＊

自分だけが目立とうとしたり、何《なん》でも自分が一番上だと思っている人は、他の人を苦《くる》しめる場合が多い。反対に皆を尊《そん》敬《けい》し、大切に守り、引き立ててあげられる人は、偉《えら》い人である。信心の世界で、ハッタリは続かない。〝誠実《せいじつ》〟が一番大切である。

――昭63・4・1

＊

指導者は活動の目標に対して、少しの私心《ししん》があっても、多くの人材をリードすることはできない。「さあ、広宣流布に向かって進もう」——この無上《むじょう》の目的への熱誠《ねっせい》の信心にこそ、広布開拓《かいたく》への永遠《えいえん》の源泉《げんせん》がある。策《さく》でもなく、役職の立場でもない。自身の力《ちから》への傲《おご》りがあってはならない。指導者として、まずいっさいを誠実無比《せいじつむひ》に祈りに祈る根本《こんぽん》の一念を忘れてはならない。——昭63・8・19

＊

リーダーの最大の要件《ようけん》は誠実《せいじつ》である。権威《けんい》ではむしろ人の心は離《はな》れる。才能《さいのう》だけでは、価値《かち》を生まない。誠実こそが人の心をつかみ、信頼と、安心感を与えていく。周囲《しゅうい》に春のような、伸びやかな空気が広がっていく。誠実こそが最終的な勝利をもたらす。——平2・2・21

＊

自身に何か言われると、すぐ〝生意気《なまいき》だ〟とか〝慢心《まんしん》になっている〟とか決めつけて、耳を傾《かたむ》けないようなリーダーであっては、絶対にならない。大きく包容《ほうよう》し、質問した人がほっと安心し、勇気づけられるように指導していくことである。広布のために尽《つ》くしゆく、真摯《しんし》な求《きゅう》道《どう》の人に対しては、誠実《せいじつ》に答え、誠実に対話していく。これが仏法の世界である。役職の上下ではない。求めて質問する人が偉《えら》いのであり、真剣に誠実に答える人が偉いのである。——平2・9・12

＊

個人のプライバシーを絶対に漏《も》らしてはならない——。組織において、幹部はメンバーから個人的な悩《なや》みなど、相談《そうだん》を受ける機会《きかい》が多い。その信頼を裏切《うらぎ》って、個人のプライバシーを守れない人は、リーダー、信仰者として失格《しっかく》であり、人間として失格である。人の人権を大切にする、〝口《くち》の固《かた》い〟誠実《せいじつ》の人でなければならない。

——平3・10・2

＊

指導者は柱《はしら》の存在である。柱が揺《ゆ》れては家は崩《くず》れる。ゆえに大切なのは揺るぎない〝不動の人格《じんかく》〟であり、虚栄《きょえい》にも、迫害《はくがい》にも、何ものにも左右《さゆう》されない大誠《だいせい》実《じつ》で民衆に尽《つ》くす人こそ、真のリーダーである。

——平4・4・17

＊

指導者は傲慢《ごうまん》とは戦い、誠実《せいじつ》には誠実で応《こた》えねばならない。また幹部に対しては厳《きび》しく律《りっ》し、会員に対しては優《やさ》しく包《ほう》容《よう》すべきである。

——平6・2・23

■信頼

指導者の価値《かち》は、上層《じょうそう》の人たちや幹部のみの評価《ひょうか》で決まるものではない。どこまでも民衆から広く信頼されているかどうかである。学会にあっても、〝あの人と一緒《いっしょ》なら〟〝あの人のためなら〟と、会員の人々から慕《した》われ、信頼されるようなリーダーでなければならない。また、たとえ表面的な姿《すがた》はどうであっても、生命の奥底《おうてい》には〝広布に生きぬく〟〝地涌《じゆ》の勇者《ゆうしゃ》の使命に生きる〟との決定《けつじょう》した一念をもった人が、もっとも立派《りっぱ》な人材である。

――昭62・7・21

*

青年の輪《わ》の中に飛《と》び込《こ》もうともせず、青年との対話を忘れ去った指導者は、必《かなら》ずときの流れに取《と》り残《のこ》されてしまう。青年の信頼を勝《か》ち得《え》ずして、何事《なにごと》も絶対に成就《じょうじゅ》することはできない。これからは、すべて青年の時代である。

――平1・3・4

*

幹部は、それぞれの立場で広布と社会の〝リーダー〟〝将《しょう》〟としての使命を担《にな》いゆく方々である。つねに豊かな知恵《ちえ》を発揮《はっき》し、人々の団結の〝要《かなめ》〟となっていかなければならない。自身の人格《じんかく》を立派《りっぱ》に磨《みが》き、鍛《きた》えあげながら、〝あの人がいてくれたからこそ〟と敬愛《けいあい》されるリーダーとなるべきだ。だれに見せるためでもない。自分自身の悔《く》いなき人生のため

に、真の指導者の〝勲章《くんしょう》〟を、胸中《きょうちゅう》に燦《さん》然《ぜん》と飾《かざ》ってほしいのである。　――平2・10・10

＊

あらゆる社会で、団体で、〝新しいリーダー〟が待望《たいぼう》されている。これはもはや、世界の流れであるといってよい。それは、広布の舞台《ぶたい》においても例外《れいがい》ではない。一人《ひとり》一人をどこまでも大切にする深き慈愛《じあい》。心広々《こころひろびろ》と対話しゆく柔軟性《じゅうなんせい》。人々を納得《なっとく》させる知性《ちせい》。そして豊かな人間性がなければ、これからの時代には通《つう》用《よう》しない。私が、スピーチを通して、リーダーのあり方を繰《く》り返《かえ》し訴《うった》えているのは、そのことを深く銘記《めいき》して自身を鍛《きた》えてほしいからである。　――平2・12・9

＊

命令ではなく、魅力《みりょく》によって人々をリードする。これは、指導者として、一番関心の深い、またもっとも心を砕《くだ》いていくべき観点《かんてん》である。　――平3・5・10

＊

民衆に渇望《かつぼう》され、会員に慕《した》われゆくリーダーが、今後ますます必要となる。民衆から離《はな》れて、どんな地位に就《つ》いたとしても、それは幻《まぼろし》であり、無価値《むかち》である。「民意《みんい》の時代」である。ゆえに〝民衆の要請《ようせい》に応《こた》える人〟〝民衆の声を叫《さけ》びきれる人〟でなければ、人々から支持されないのは当然である。

——平3・9・3

＊

ウソをついてはいけない。正直の人に、皆の信頼は集まる。凡夫《ぼんぷ》の世界であるからときには失敗《しっぱい》もある。それをごまかそうとしたりする必要はない。ありのままの姿《すがた》で、裏表《うらおもて》なく語《かた》れる世界が信心の世界である。

——平3・10・2

＊

大切なのは、いつかではない。今、この瞬間《しゅんかん》である。きょう、この一日である。今、この時に全魂《ぜんこん》を傾《かたむ》けていく。その〝今〟に〝勝利の未来〟が含《ふく》まれている。また、どこか遠くに特別な人がいるのではない。権威《けんい》の人、知識の人、有名の人、富《とみ》の人が大切なのではない。自分が、今、縁《えん》している人、その人を大切にしていく。そばにいる、あの人、この人を、その人の特質《とくしつ》を考えながら、全部、生かしきっていく。それが賢人《けんじん》である。そこに万人《ばんにん》の信頼を勝ち取る道がある。

——平5・5・16

＊

皆をほっとさせる慈愛《じあい》と、自己《じこ》に厳《きび》しき信心の威厳《いげん》の両方が、にじみ出ている指導者であってほしい。

――平6・2・13

■賢明・聡明

指導者は、その人の本質《ほんしつ》を誤《あやま》りなく見ぬく力《ちから》をもたなくてはいけない。また決して、好き嫌《きら》いの感情やジェラシー（嫉《しっ》妬《と》）で、あるいは置《お》かれた立場や境遇《きょうぐう》という外面的《がいめんてき》なことで人を見たり、判断《はんだん》してはならないのである。

――昭62・7・21

＊

時代はつねに変化し、進歩する。以前、通《つう》じたから、今度も通じるとはかぎらない。過去の経験や成功に執着《しゅうちゃく》して、社会の変化を見失《みうしな》えば、次の勝利はありえない。これは、いかなる団体、事業、運動でも同様である。ゆえに新しい時代のリーダーに期待したい。また指導者はたえず、時代の先を読み取りながら、自身の成長を止めてはならない。貪欲《どんよく》に勉強し、人一倍苦労し、また題目を豊かに唱《とな》えて、つねに新鮮《しんせん》な魅力《みりょく》を発揮《はっき》できる人であらねばならない。時代とともに成長する指導者でなければ、民衆をリードできない。また、進歩と向上のない指導者のもとにある人々は不幸である。

――昭62・7・21

＊

いかなる次元であれ、戦いというものは、つねに知恵《ちえ》と知恵との勝負である。相手の動きをどう読むか。そのうえで、どう手を打つか。この〝知恵比《くら》べ〟を制《せい》したものが、栄冠《えいかん》を手にする。これは、時代や社会を超《こ》えた、勝負の鉄則《てっそく》である。広布の舞台《ぶたい》にあっても、指導者は賢《けん》明《めい》でなければいけない。広布の活動はますます多岐《たき》に、幅広《はばひろ》く展開されている。リーダーはそれに応《おう》じた知恵と力《ちから》をもたねばならない。いずれの分野でも、妙法の正しさを証明《しょうめい》し、人々に心からの納得《なっとく》と満足《まんぞく》を与えられなければ、もはやリーダーとはいえない。　――昭63・3・26

＊

これからのリーダーは、信心を根本《こんぽん》に、知性《ちせい》豊かであっていただきたい。そうでなければ、多くの人を納得《なっとく》させることはできないし、かえって法を下げてしまう場合もある。一切法《いっさいほう》は仏法に通《つう》じ、仏法は一切法に開かれていく。ゆえに社会の万般《ばんぱん》の事象《じしょう》にわたって論《ろん》じられる力《ちから》をつけていく努力が必要である。そして明快《めいかい》に、人の心の奥《おく》の奥まで、指導の光《ひかり》を届《とど》かせる力量《りきりょう》を養《やしな》っていかねばならない。そうした指導者が増《ふ》えれば増えるほど、社会の人々に妙法の偉大《いだい》さを堂々と示しきっていくことができる時代に入っていくのである。

――平1・2・2

＊

指導者は、民衆に〝敗北《はいぼく》〟の苦《くる》しみとみじめさを味《あじ》わわせてはならない。民衆とともに、民衆のために、堂々と試練《しれん》に挑《いど》み、いっさいに勝利しゆく勝利王こそ、優《すぐ》れたリーダーたる証《あかし》である。そのためには、勝ちゆくための知恵《ちえ》と力《ちから》が不《ふ》可欠《かけつ》である。聡明《そうめい》さと強さがなければ、戦いには勝てない。朗々《ろうろう》たる唱題で、こんこんと豊かな知恵と生命力をわかせながら、賢明《けんめい》なリーダーとして見事《みごと》なる〝勝利〟の歴史を重《かさ》ねていただきたいのである。

――平1・4・19

＊

たとえ、いかなる環境《かんきょう》にあったとしても、自分は厳《げん》として正しい指導を学《まな》び、信心の正しい軌道《きどう》を歩《あゆ》んでいく。そして他の人をも、その方向に向けていく。また〝和《わ》〟を尊重《そんちょう》しつつも、言うべきことは明確《めいかく》に言っていく。そうした強く、賢《けん》明《めい》な人であってほしい。

――平1・9・24

＊

国家であれ、会社であれ、一家であれ、指導者が無能《むのう》であれば、その団体は結局《けっきょく》、敗北《はいぼく》し、滅《ほろ》びていく。それは、広宣流布の運動も例外《れいがい》ではない。ゆえに指導者は、同志を思いやる心の深さは当然として、知性《ちせい》と知恵《ちえ》を徹底して磨《みが》かなければならない。リーダーとしての強靭《きょうじん》な頭脳《ずのう》と精神力がなければ、舵《かじ》をとる〝広布の船《ふね》〟をも難破《なんぱ》させてしまうのである。

――平2・1・15

*

学会の活動においては、ただ前進、前進ばかりでは、だれもが疲《つか》れてしまう。今、その方向に進むべき状況《じょうきょう》にあるのかどうか。そのほうが価値的《かちてき》かどうか、を賢明《けんめい》に判断《はんだん》する必要がある。また、車も燃料《ねんりょう》を補給《ほきゅう》しなければ走り続けられない。列車も、線路《せんろ》や車体の点検《てんけん》・整備《せいび》が必要である。同様に広布の前進のリズムにおいても、時には悠々《ゆうゆう》と力《ちから》を蓄《たくわ》え、満《まん》を持《じ》す――。それが次の爆発的《ばくはつてき》な前進と勝利の力となっていくことを、リーダーは自覚《じかく》すべきである。

――平2・10・26

*

リーダーは〝鈍感《どんかん》〟であってはならない。巧妙《こうみょう》な〝屁理屈《へりくつ》〟にだまされる〝愚《おろ》か者《もの》〟であってもならない。また権威《けんい》の横暴《おうぼう》に甘《あま》んじるような〝お人よし〟では、自分も、周囲《しゅうい》をも不幸にしてしまう。悪《あく》を見ぬく知性《ちせい》。悪にだまされない賢明《けんめい》さ。民衆の声を代弁《だいべん》する雄弁《ゆうべん》。正義を断《だん》じて実行する信念と勇気——、これらをあわせもった偉大《いだい》な指導者に育《そだ》ってほしい。

——平3・9・3

第六章　学会精神

師弟

遊《あそ》び半分や偽《いつわ》りや、その場しのぎの言葉で、自分の卑怯《ひきよう》さをとりつくろい、逃《に》げていくような者に、師弟《してい》を語《かた》る資格《しかく》はない。そんないいかげんな、浅《あさ》はかなものではない。迫害《はくがい》にあえばあうほど、苦《く》難《なん》な状況《じようきよう》に置《お》かれれば置かれるほど、ともに苦《くる》しみ悩《なや》み、道を開いていこうというのが、師弟の崇高《すうこう》な精神である。人間としてもっとも峻厳《しゆんげん》にして最高の道なのである。ここに、いつの時代にあっても忘れてはならない本当の学会精神がある。

——昭62・12・19

*

人生にあって師《し》をもてることは幸《しあわ》せであり、大きな喜《よろこ》びである。師弟《してい》の深い結《むす》びつきは、他の人にはなかなか理解できないものだ。しかし、自《みずか》らが決めた師弟の道は、それを人生の誇《ほこ》りとして貫《つらぬ》き通すところに、人間としての美しさ、尊《とうと》さがある。またそうでなければ師弟ともに不幸である。

——昭63・1・9

*

〝死《し》身弘《しんぐ》法《ほう》〟こそ信仰者の精神である。また、その深い決意なくして、本当の信仰の道は貫《つらぬ》けるものではない。私も戸田先生のもとで仏法の道に入って以来〝護法《ごほう》のためにはいつ倒《たお》れてもよい〟との決心で、走り、戦ってきた。それが、牧口、戸田両先生の殉教《じゅんきょう》の生涯に応《こた》える道であり、学会精神であると確信していたからである。大聖人の門下《もんか》として、大《だい》法弘通《ほうぐつう》に生きぬいておられる皆さま方は、仏法継承《けいしょう》の偉大《いだい》な使命をもった尊《とうと》い仏子《ぶっし》であるとの誇《ほこ》りを胸《むね》に、堂々たる前進をお願《ねが》いしたい。　――昭63・3・21

＊

何《なん》の道であれ、師匠《ししょう》に、どんなに厳《きび》しく叱《しか》られようが、突《つ》き放《はな》されようが、どこまでも信じ随《したが》っていくのが、本格的《ほんかくてき》な弟子《でし》の道である。いわんや、弟子として師匠の言《げん》を何《なに》よりも第一義とするのが仏法の原則である。　――昭63・5・22

＊

いずこの世界であれ、ひとたび決めた〝師弟《してい》の道〟に生きぬく人の姿《すがた》は美しい。また尊《とうと》く、つねに新鮮《しんせん》な向上の人生となる。動物にも親子はある。兄弟もある。夫《ふう》婦《ふ》や友人もあるかもしれない。しかし、師弟という永遠《えいえん》の絆《きずな》は人間だけのものである。ゆえに師匠《ししょう》なき人生は、人間としてあまりにもさびしい。師を慕《した》い、師に近づこうと努力し続ける一念こそが、自分自身にかぎりない成長をもたらす。

――昭63・6・7

＊

広宣流布というもっとも崇高《すうこう》な大願《だいがん》に生きゆく人生を、現代の私たちに教えてくださったのは、戸田先生である。学会の強さも深さも、この人生の師弟《してい》の絆《きずな》があるからである。だれ人が何《なん》と言おうと、この峻厳《しゆんげん》なる道だけは、永遠《えいえん》に崩《くず》してはならない。この絆があったがゆえに、私たちは正しき信仰を知ることができた。また、地涌《じゆ》の勇者《ゆうしや》としての使命を自覚《じかく》することができた。少し妨害《ぼうがい》があると、それを忘れて、自分は上手《じようず》に生きようとか、いい子になろうとして、結局《けつきよく》は足をすくわれて、はかない波に溺《おぼ》れて、自分を破壊《はかい》していくような愚《おろ》かな人生にだけは、絶対になってはならないのである。

――昭64・1・6

＊

師弟《してい》は一体である。日興上人《につこうしようにん》も伊豆《いず》へ、佐渡《さど》へと師と苦難《くなん》をともにされた。また次元は異《こと》なるが、戸田先生も牧口先生にお供《とも》して牢獄《ろうごく》にまでも行かれた。しかも、そのことを感謝されていた。弟子《でし》として、師の苦難を代《か》わって受けたいとの強き強き一念と祈りが、そこにはあったに違《ちが》いない。私もまた同じ心であった。この方程式《ほうていしき》、この師弟を貫《つらぬ》く信心の心は、現在もまた不変《ふへん》でなければならない。

――平1・8・17

*

〝何があろうと、広宣流布のために戦い続ける〟――これこそ、大聖人と日興《にっこう》上人《しょうにん》の峻厳《しゅんげん》なる師弟不二《していふに》の御精神《ごせいしん》であられた。創価学会は、この御精神に厳然《げんぜん》と連《つら》なり直結《ちょっけつ》している。だから強い。いかなる震動《しんどう》にも崩《くず》れない。無限《むげん》に広がっていくのである。

――平1・10・4

*

師匠《ししょう》は、弟子《でし》の心がよくわかるものである。だからこそ、自分の怠《なま》け心に気づかず、真剣に道を求めようとしない弟子のために、教え、励《はげ》まして成長させようとする。師がいてこそ、求める道も正しく進み、究《きわ》めていくことができる。自身の成長も、人生の向上もある。

――平1・10・12

*

〝師弟《してい》の道〟こそ、正しい信仰、正しい人生をまっとうしゆく要諦《ようてい》である。〝師弟の道〟を見失《みうしな》い、自己《じこ》の原点をなくした場合には、大切にしてきた大目的をも忘れ、小さな自身のエゴと虚飾《きょしょく》に陥《おちい》ってしまうことがあまりに多い。確《かく》たる原点を失い、原点からの軌道《きどう》をはずれれば、結局《けっきょく》、無常《むじょう》に漂《ただよ》い、いかなる営々《えいえい》たる努力も、幸福と結《むす》びつかない人生となってしまう。

――平1・11・18

＊

親子の縁《えにし》は深い。しかし、人生において、師弟《してい》の絆《きずな》はそれ以上に深く強いものである。人間として、師匠《ししょう》を求める心はまことに尊《とうと》く、師匠を得《え》た喜《よろこ》びはまことに大きい。また〝師匠のいない人は信用できない〟と言われるほど、師をもつことは重大事なのである。芸術であれ、スポーツであれ、いかなる分野においても師弟の関係は厳《きび》しくも温《あたた》かい。まして、人生の根本事《こんぽんじ》である信仰の世界、広宣流布という至高《しこう》の大目的に立った師弟がどれほど峻厳《しゅんげん》であり、慈愛《じあい》に満《み》ちたものであることか、はかり知れないのである。

――平2・9・30

＊

（大阪の参院補選《さんいんほせん》に関《かん》して）選挙違反《せんきょいはん》の嫌疑《けんぎ》をかけられた時のことであった。もちろん、事実無根《じじつむこん》の容疑《ようぎ》であり、その後（昭和三十七年）、裁判《さいばん》で無罪《むざい》が証明《しょうめい》されたことは、ご存《ぞん》じの通りである。私が捕《と》らわれの身《み》となったとき、戸田先生は、青年部を集めて、私を助け出そうとしてくださった。先生は、学会を弾圧《だんあつ》せんとする、不当《ふとう》な検挙《けんきょ》・取《と》り調《しら》べであることを見ぬいておられたからである。〝仏法は勝負〟であり、広布を妨《さまた》げようとするものに、断《だん》じて負《ま》けてはならない。社会においても、個々の生活のうえでも、勝負の厳《きび》しき現実を見据《みす》え、仏法者として勝利の証《あかし》を示していくところに、広布の前進はある。ゆえに、横暴《おうぼう》な権力とは、断固《だんこ》として戦う以外にない。青年部よ立ち上がれ、との先生のお心であった。今度はご自身が十五年も投獄《とうごく》される危険《きけん》をも承知《しょうち》のうえで、一人《ひとり》の愛弟子《まなでし》を救《すく》うために、戦おうとされたのである。私は、恩師《おんし》のこの深き思いを絶対に忘れない。いな、胸奥《きょうおう》に焼《や》きついて消《き》えることはない。弟子を思う師の心は、弟子が考えるよりはるかに深いものである。その心がわからないということは、弟子にとってこれ以上の不幸はない。また、師の深き心を知らない弟子が、自分のほうが偉《えら》いと思《おも》い込《こ》み、背信《はいしん》、反逆《はんぎゃく》していくことも、残念ながら世のつねである。私は、戸田先生という稀有《けう》の大指導者を師匠《ししょう》として、徹底して訓練《くんれん》を受けさせていただいた。わが人生において、これ以上の誇《ほこ》りはない。若き日に人生の師に巡《めぐ》り合《あ》い、真実の人間の錬磨《れんま》を受けることは、青春の最高の誉《ほま》れである。この人生の真髄《しんずい》がわかれば、富《とみ》や名声《めいせい》などの飾《かざ》りに惑《まど》わされることもないし、何ものをも恐《おそ》れることはない。

——平2・9・30

*

師《し》との思い出をもつ人生は美しい。豊かである。師との思い出を大切に温《あたた》め、師を誇《ほこ》りとし、師の理想を実現していく——そこに幸福な、人間としての道がある。

——平2・10・14

*

師弟《してい》の絆《きずな》こそ、人生の原点といってよい。人間の聡明《そうめい》さは、学歴で決まるものではない。いつの時代、いずこの世界にあっても、師弟という人生の原点をもっている人こそ、聡明に人生を生きている人である。

——平3・2・11

*

学会精神の源流《げんりゅう》である牧口先生と戸田先生の師弟《してい》の絆《きずな》は、生死《しょうじ》を超《こ》えて厳粛《げんしゅく》であった。同じ目的のために、同じ心で、生きぬいていく。そして死んでいく——この師弟の心があるかぎり、学会は永遠《えいえん》に生き生きと広宣流布へ前進していける。

——平4・1・26

*

ひとたび人生の道を踏《ふ》みはずすと、あとは迷走《めいそう》しかない。だから正道《せいどう》に導《みちび》く〝心の師《し》〟が大事なのだ。師匠《ししょう》を見失《みうしな》えば、その途端《とたん》に仏法は法滅《ほうめつ》へと向かう。大聖人が血脈《けつみゃく》と言われたのも、言《い》い換《か》えれば真の師弟《してい》ということである。

――平4・9・4

＊

師匠《ししょう》と（距離的《きょりてき》に）近くにいるから偉《えら》いのではない。五老僧《ごろうそう》だって、他の門下《もんか》よりは、大聖人のおそばにいた。師匠の心を身《み》に体《たい》して、現実のうえに、実現していく人が偉い。どんな場所であれ、どんな立場であれ、その自覚《じかく》があれば、立《りっ》派《ぱ》な弟子《でし》の戦いはできる。幹部であっても、その自覚がなくなれば、空転《くうてん》である。

――平4・9・4

＊

人をつくっていく根本《こんぽん》が師弟《してい》の道である。ゆえに師弟の峻厳《しゅんげん》な心が脈動《みゃくどう》しているかぎり、人も団体も、興隆《こうりゅう》していくことができる。

――平4・10・2

＊

師《し》の言ったことを一つ一つ、誤《あやま》りなくすべて成《な》し遂《と》げ、発展させていく。そして〝師匠《ししょう》の真実〟を余《あま》すことなく永遠《えいえん》に残《のこ》していく、証明《しょうめい》していく。それでこそ〝真の弟子《でし》〟である。日興上人《にっこうしょうにん》も、大聖人の御本意《ごほんい》を正しく「御義口伝《おんぎくでん》」に残された。同じく大聖人の御講義を聴《き》いたはずなのに、日向《にこう》の「聞書《ききがき》」のまとめ方は、天地雲泥《てんちうんでい》に劣《おと》っている。師匠を完璧《かんぺき》に守り切るのが弟子である。心配《しんぱい》や苦労をかけたり、負《ま》け戦《いくさ》を見せてはならない。この峻厳《しゅんげん》にして崇高《すうこう》なる〝師弟《してい》の道〟を私はひとり歩《あゆ》み切《き》ってきた。

——平5・1・6

＊

師《し》と〝同じ希望〟〝同じ信念〟をもち、〝同じ努力〟を重《かさ》ねていく——それが弟《で》子《し》である。そのことによって同じ境涯《きょうがい》に至《いた》るのである。この師弟《してい》の道に、仏法の根本《こんぽん》があり、人類向上の永遠《えいえん》の王道《おうどう》がある。

——平5・4・13

一人立つ精神

いずこの地であれ、広布は一人《ひとり》から始まり、興隆《こうりゅう》していったことを銘記《めいき》したい。御書には「世間《せけん》のことわざにも一は万が母といへり」（四九八ページ）と仰《おお》せである。一人というと、いかにも弱小《じゃくしょう》と思うかもしれない。しかし、一人が万人《ばんにん》を生む母なのである。「大海《たいかい》の一滴《いったい》の水に一《いっ》切《さい》の河《かわ》の水を納《おさ》め」（御書九四四ページ）との御金言《ごきんげん》もある。真実の大法《だいほう》に出あい、目《め》覚《ざ》めた一人が、勇敢《ゆうかん》に利他《りた》の実践《じっせん》へと躍《おど》り出《で》て、一人と会い対話する——この一人から一人へという波動《はどう》こそ、かぎりない広布前進への源泉《げんせん》であり、こうした着実な方程式《ほうていしき》で、永遠《えいえん》に広布の歴史はつづられていくことを、絶対に忘れてはならない。

――昭62・10・11

＊

つねに、師子王《ししおう》のごとき本物《ほんもの》の勇者《ゆうしゃ》が一人《ひとり》立ち上がるとき、必《かなら》ずそこから正法《しょうほう》が興隆《こうりゅう》し、広宣流布の波は無限《むげん》に広がっていくに違《ちが》いない。思えば、牧口先生も、戸田先生も、一人から法戦《ほうせん》を開始された。私もまた、牧口、戸田両先生の後《あと》を受け、一人で全責任を担《にな》う覚悟《かくご》で今日まで広布に進んできた。――昭63・7・19

＊

すべての歴史には苦難《くなん》の時代がある。そのときにだれが本気《ほんき》になって立ち上がるか。じつは、ただ一人《ひとり》いればよいのである。だれに言われるのでもない。自《みずか》ら決めて、一人立ち上がり、死力《しりょく》を尽《つ》くして活路《かつろ》を開いていく。その偉大《いだい》なる信念の〝一人〟がいれば、そこからつねに新《あら》たなる勝利の歩《あゆ》みが始まっていく。これが、いわば歴史の不変《ふへん》の鉄則《てっそく》である。大聖人はもちろん、日興上人《にっこうしょうにん》も、ただ一人で正義の戦いを敢行《かんこう》された。日目上人《にちもくしょうにん》も一人、死身弘法《ししんぐほう》を貫《つらぬ》かれた。そして牧口先生、戸田先生も、一人立つ戦いに身命《しんみょう》を捨《す》てられた。その学会精神の骨髄《こつずい》を体《たい》して、私も一人、生命を賭《と》して、すべてを勝利に導《みちび》いてきた。すべては一人に始まる。その真金《しんきん》の一人を育《そだ》てればよいのである。私の焦点《しょうてん》もつねにそこにある。数ではない。組織のみの力《ちから》でもない。あらゆる分野で、一人を見つけ、一人を鍛《きた》え、一人に託《たく》していく。それこそが、万《ばん》代《だい》にわたる不断《ふだん》の発展の原点となる。

――昭63・8・24

＊

いつの世にあっても、時代の扉《とびら》を開き、新《あら》たな鐘《かね》を鳴《な》らすのは、〝一人《ひとり》立つ〟青年である。一人の勇者《ゆうしゃ》の透徹《とうてつ》した信念と行動が、万波《ばんぱ》の波動《はどう》を呼《よ》び起《お》こし、偉《い》大《だい》なる変革《へんかく》を成《な》していく。自己《じこ》の保身《ほしん》に執着《しゅうちゃく》する権力者が恐《おそ》れるのは、この一人である。また、新時代を待望《たいぼう》する民衆が求めてやまないのも、この一人である。広布のリーダーは、その時代革新《かくしん》の先駆《せんく》を走る誉《ほま》れの一人であることを忘れてはならない。

――平1・1・21

＊

何ものにも臆《おく》さない、それが丈夫《じょうぶ》の心である。臆病《おくびょう》な心には、希望の太陽も昇《のぼ》らないし、新しき舞台《ぶたい》の幕《まく》も開かない。いかなるときも、道を開きゆくものは、一人《ひとり》の勇気ある力《ちから》である。その勇気さえあれば、あの人がどう、この人がどうだからとか、逆風《ぎゃくふう》だから順風《じゅんぷう》だからということも、大きな問題ではない。要《よう》は一人の勇気の力であり、祈りの一念である。行動の一念である。獅子王《ししおう》のごとき果敢《かかん》なる行動にこそすばらしき自分自身の歴史はつくられ、人生の金《きん》のドラマが生まれる。そして洋々《ようよう》たる広布の新天地が開かれていくのである。

――平1・2・2

＊

妙法のために、生命を賭《と》して行動した一人《ひとり》の功徳《くどく》は、一族、先祖、同志など、縁《えん》ある人々のすべての成仏《じょうぶつ》への力《ちから》となっていく。さらに、一人の決然《けつぜん》たる一念と行動は、かぎりなく信心の波動《はどう》を与え、広がっていくことにも通《つう》ずる。

――平1・2・20

＊

〝一人《ひとり》立て〟と、人に言うことはあまりにもたやすい。しかし、現実に自《みずか》ら〝一人立つ〟のでなければ、何《なん》の意味もないし、価値《かち》もない。むしろ口《くち》で言う必要はないのである。自ら一人立ち、行動していけば、必《かなら》ずや二人《ふたり》、三人と後《あと》に続き、やがて澎湃《ほうはい》たるうねりとなっていくのだ。

――平1・8・17

＊

かつて、マラソンでオリンピックに優勝したアベベ選手の勝利は、エチオピアの〝すべての人々〟の勝利であった。「一人《ひとり》」が立てばよい。「一人」が勝利すれば、それは「全員」の勝利へと通《つう》じていく。私は、若きリーダーにその一人となってほしいと念願《ねんがん》している。自分なりの〝青春の金《きん》メダリスト〟〝青春のチャンピオン〟〝トップランナー〟、真の勝利者の栄冠《えいかん》をつかんでいただきたい。その〝挑《ちょう》戦《せん》また挑戦〟の道を歩《あゆ》みゆくことを私は信じ、祈っている。　――平1・9・30

＊

いずこの地にあっても〝本物《ほんもの》の信心〟の人が、一人《ひとり》いればよい。広宣流布の命《めい》脈《みゃく》は、その一人によって厳然《げんぜん》と守られ、幾重《いくえ》にも広がっていくからである。私も戸田先生のもとで、その一人になることを決意して、立った。そして、今は、後《こう》継《けい》の一人一人が、その一人になってほしいことを念願《ねんがん》し、日々、広布の戦いに挺《てい》身《しん》している。　――平1・11・12

＊

〝民主〟といい、〝平和〟といっても、いっきに実現できない。近くから遠くへ、一人《ひとり》から万人《ばんにん》へと、精神の炎《ほのお》をあかあかと点《てん》じていくなかで、初めてもたらされていくものだ。その一人はだれなのか。だれがその一人になるのか。私が「一人の人間における偉大《いだい》な人間革命」を提唱《ていしょう》してきた意義《いぎ》がここにある。どうか若きリーダーは、〝人格《じんかく》の時代〟、そして真の〝民主の時代〟を築《きず》きゆく、〝確《かっ》固《こ》たる人格の一人〟へと自身を鍛《きた》え、つくりあげてほしい。

――平2・8・2

*

一人《ひとり》が大切である。その一人が、船という〝運命《うんめい》共同体〟を幸福へと引《ひ》っ張《ぱ》っていく。家族、会社、地域なども同様である。一人が唱《とな》える妙法の力用《りきゆう》は、それほど大きい。太陽がひとたび昇《のぼ》れば、いっぺんに周囲《しゆうい》を照《て》らすようなものである。一人の成仏《じようぶつ》が眷属《けんぞく》をも救《すく》っていく。ゆえに決して、家族のだれかが信仰していないことがあっても、そのことで、いたずらに苦《くる》しむ必要はない。また、周囲の人々の幸福と入会を願《ねが》い祈る心は心として、〝自分一人いれば、皆を良い方向に引っ張っていける〟との確信が大事である。それが法華経の教えである。そこから安心と信頼の波も広がっていく。そこに長い目で見たときの、広宣《こうせん》への深き土壌《どじよう》もできていく。人を苦しめるような、かたくなで偏狭《へんきよう》な行き方は、仏法の真の精神ではない。

――平2・11・27

*

一人《ひとり》の勇気ある行動の触発《しょくはつ》こそが、第二、第三の獅子《しし》を生む。いかなる名誉や地位の人も、すべてを、かなぐりすててわが道をいく庶民《しょみん》にはかなわない。

——平3・3・18

*

一人《ひとり》の勇気が、次の一人の、やがて万《ばん》人《にん》の勇気を生む。万人の勝利を開く。

——平3・4・25

*

悪《あく》が恐《おそ》れ、狙《ねら》うのは、つねに〝本物《ほんもの》の一人《ひとり》〟である。〝奴《やつ》さえ倒《たお》せばあとは簡《かん》単《たん》だ——〟。ゆえに、あらゆる手段《しゅだん》で陥《おとしい》れようとする。だが、一人立った〝正義の勇者《ゆうしゃ》〟に、恐れるものなど何もない。

——平3・11・3

*

一人《ひとり》の〝勇気の炎《ほのお》〟は、必《かなら》ず周囲《しゅうい》に燃《も》え広《ひろ》がっていく。臆病《おくびょう》な心は、湿《しめ》っているようなものである。「勇気の炎」は、まず自分を、そして他人をも温《あたた》める。心に永遠《えいえん》の〝勇気の太陽〟を昇《のぼ》らせた人——その人こそ〝人生の春〟を開く人である。また〝民衆の春〟を呼《よ》ぶ人である。

——平4・1・26

*

道なき所も、まず一人《ひとり》が歩けば小さな道ができる。その後《あと》を、二人《ふたり》、三人と人々が続くごとに道は広がり、固《かた》まっていく。要《よう》は、最初に道を開く人がいるかどうかである。

——平5・1・12

＊

牧口先生も、「羊《ひつじ》千匹《びき》より獅子《しし》一匹《ぴき》」と言われた。私も、ただ一人《ひとり》での決心を貫《つらぬ》ききってきた。大聖人の直系《ちょっけい》として、また戸田先生の後《あと》を継《つ》ぎ、私は戦う。だれがついてこようと、こまいと、また、だれが反逆《はんぎゃく》し、攻撃《こうげき》しようと、私は私の信念で進む。周囲《しゅうい》がどう変わろうと、私は私である。この一念ゆえに私は強い。

——平5・6・15

＊

一人《ひとり》の獅子《しし》がいれば、そこからいっさいは開ける。烏合《うごう》の衆《しゅう》になっては敗北《はいぼく》である。人ではなく自分が、死力《しりょく》を尽《つ》くして戦う獅子になることである。

——平5・10・10

＊

たとえ一本でも、美しく咲《さ》き香《かお》る木があれば、あたり一面が和《なご》み、華《はな》やぐ。組織も同じである。〝真剣な一人《ひとり》〟がいれば、全体が大きく変わっていく。一人が立てばよいのである。仏法の世界とは、こうした〝人間性の花〟を咲かせながら、あの地にも、この地にも麗《うるわ》しい友情を広げていくのである。

——平6・4・23

使命感

広宣流布は最高の大志《たいし》である。その遠《えん》大《だい》なる志《こころざし》、純粋《じゅんすい》にして壮大《そうだい》なる目的観と心意気《こころいき》は、社会の人々には、なかなかわからないであろう。まして濁世《じょくせ》にあって、目前《もくぜん》の利己的欲望《りこてきよくぼう》や、過去の既《き》成概《せいがい》念《ねん》に自《みずか》らの目を覆《おお》われてしまった人々には、想像《そうぞう》すらできない。ゆえに学会の指導者は、すべてを悠々《ゆうゆう》と達観《たっかん》しながら、大《おお》いなる〝鴻鵠《こうこく》の志〟を、使命の人生の大空に広げていっていただきたい。

——昭62・11・2

＊

御本仏の仰《おお》せは絶対に虚妄《こもう》にできない。何があろうとも、断《だん》じて実現する以外にない。ゆえに何ものも恐《おそ》れず、仏《ほとけ》の使《つか》いとしていっさいを乗《の》り越《こ》えて厳然《げんぜん》と進む。この決然《けつぜん》たる強き強き信心の一念に学会精神があり、戸田先生の精神がある。

——昭62・12・19

＊

広宣流布は、万年への遠征《えんせい》であり、三《さん》世《ぜ》にわたる生命の旅路《たびじ》である。その舞台《ぶたい》は、世界的どころか宇宙大《うちゅうだい》の広がりをもつ。この壮大《そうだい》なる戦いの主人公《しゅじんこう》こそ、若きリーダーである。あまりにも甚深《じんじん》なる使命であり、高貴《こうき》なる立場である。その真実は、退転《たいてん》の徒《と》の卑《いや》しき心には、想像《そうぞう》もできない。この大《おお》いなる使命の自《じ》覚《かく》と誇《ほこ》りも高く、〝勇気ある信心〟を奮《ふる》い起《お》こし、貫《つらぬ》いていきたい。苦難《くなん》を喜《よろこ》びつつ、勇《いさ》んで挑戦《ちょうせん》していきたい。その勇猛《ゆうもう》の実践《じっせん》に、三世永遠《えいえん》に輝《かがや》きわたる生命の〝誉《ほま》れ〟も〝錦《にしき》〟もそなわってくる。そしてわが生命を、崩《くず》れざる〝金剛宝器《こんごうほうき》〟へと完成していくことができる。大切なときに臆病《おくびょう》であれば〝宝器〟とはならず、せっかくの大福徳《だいふくとく》を自《みず》ら漏《も》らしてしまう。

——昭63・6・17

＊

いかなる思想、宗教であれ、先覚者《せんかくしゃ》の命《いのち》を賭《と》した戦いがあって広まっていった。ましてや、大聖人の仏法という人類未聞《みもん》の大法《だいほう》を持ち広めようとする最高の使命をもった創価学会である。いかなることがあろうとも、〝一歩も退《ひ》かない〟との強く、固《かた》い決意がなければならない。

——昭63・8・7

＊

学会は、仏法の光《ひかり》で、世間《せけん》の闇《やみ》を照《て》らしていく立場である。世間の虚妄《こもう》を打《う》ち破《やぶ》っていく使命を忘れてはならない。

——昭63・9・17

＊

創価学会の運動は、決して派手《はで》なものではない。日々の広布の活動は、むしろ地味《じみ》な実践《じっせん》の積《つ》み重《かさ》ねであり、華《はな》やかなスポット・ライトを浴《あ》びるようなものではない。しかし、それぞれの立場で、己《おの》が使命に生ききった人生の軌跡《きせき》は、後進《こうしん》たちに必《かなら》ずや道を開き、そのかぎりない激励と支《ささ》えになっていくに違《ちが》いない。妙法は、永遠《えいえん》である。先駆《せんく》の功労《こうろう》は三世《さんぜ》に輝《かがや》き、万代《ばんだい》への誉《ほま》れとなっていく。世界広布の大願《だいがん》へ、日々、盤石《ばんじやく》な基盤《きばん》を築《きず》いているとの誇《ほこ》りも高く、自己《じこ》の使命に堂々と邁進《まいしん》してほしい。

——昭63・11・18

＊

自分は何《なん》のために生まれてきたのか。どのような使命をもっているのか。またどう生きればよいのか。人生の真実の幸福は何なのか。それを人間は知らなくてはならない。さらに、社会のためにどのように尽《つ》くしていくか、あるいは、どうすれば大宇宙《だいうちゅう》のリズムに合致《がっち》し永遠《えいえん》の世界に生きていくことができるか、これらを明確《めいかく》に把握《はあく》しておかなければならない。それらのことを誤《あやま》りなく教え、自分のものとしていけるのが仏法である。妙法を受持《じゅじ》した学会員に、使命のない人はいない。そして、自《みずか》らが願《ねが》い、果《は》たさんとしてこの世に出現《しゅつげん》してきた使命——それに徹《てっ》して生きる人ほど、尊《とうと》く強いものはない。自分と人生と、そして社会と宇宙とを貫《つらぬ》く妙法にのっとって生きていく人が、真の人生の探究者《たんきゅうしゃ》であり、最高の幸福の人である。

——平1・4・25

＊

人間としての生き方は、風向《かざむ》きに流されるのではなく、目的地をめざして〝風に向かって走る〟力《ちから》をもってこそ「大航《だいこう》海《かい》の人生」になる。その力の源泉《げんせん》となるのが信心であり、信心によって培《つちか》った信念である。そして、人間としての偉《い》大《だい》な使命の自覚《じかく》なのである。

――平1・8・17

＊

私は志願《しがん》の尊《とうと》さに着目《ちゃくもく》する。いかなる世界にせよ、自発的《じはってき》な志願にこそ、自立・独立の精神があり、他人に言われて動くのは、精神の奴隷《どれい》である。広宣流布も、自《みずか》らの久遠《くおん》の誓《ちか》いのままに志願した自立の勇者《ゆうしゃ》によって進められる。自ら志願した以上、その人には愚痴《ぐち》がない。文《もん》句《く》もない。障害《しょうがい》が大きいほど、勇気がわく。知恵《ちえ》と力《ちから》がわくのである。

――平2・2・14

＊

創価学会は、最高の妙法を持ち、法のため、人類のため、平和のための活動に日夜励《はげ》んでいる。自身の安穏《あんのん》という我欲《がよく》を超《こ》えて、人々のために、尽《つ》くしていく――これほど尊《とうと》いことはない。また自身の安穏も幸福も、この広布の行動のなかにすべて含《ふく》まれ、成就《じょうじゅ》していくのである。これほどすばらしいことはない。

――平2・6・8

＊

若き日の誓《ちか》いを、生涯、貫《つらぬ》ける人は偉《い》大《だい》である。幸福である。学会員は広宣流布という最高の誓いがある。そして自分には自分の、尊《とうと》き使命がある。世界は広い。未来は洋々《ようよう》と開けている。この広大《こうだい》な世界のなかに、また二十一世紀という新世紀のなかに、一人《ひとり》一人が扉《とびら》を開けられる〝黄金《おうごん》の世界〟がある。人類のために、光《ひかり》を放《はな》つ日をもっている。それは何か。誓いを果《は》たしぬこうとする自分自身の精進《しょうじん》である。

――平3・2・14

＊

大切なのは、社会的地位ではない。学歴でもない。人間として光《ひか》っているかどうか。力《ちから》を出せるかどうかである。その力の根源《こんげん》は、自《じ》覚《かく》である。わが使命を誇《ほこ》らかに確信しきることである。ひたむきに使命に生きる人は、大《おお》いなる知恵《ちえ》がわき、勇気がわき、境涯《きょうがい》が開け、前途《ぜんと》が開ける。仏法を根本《こんぽん》にした使命感であれば、わきいずる力は無限《むげん》である。

――平3・8・17

＊

真の幸福は、〝使命を果《は》たす〟なかにある。中途半端《ちゅうとはんぱ》は、どこまでいっても中途半端な人生となる。医師は病苦《びょうく》を救《すく》ってこそ医師である。教師は人を立派《りっぱ》に育《そだ》ててこそ教師である。車は走ってこそ車、電灯《でんとう》は輝《かがや》いてこそ電灯である。仏法者は仏法を弘《ひろ》め、興隆《こうりゅう》させてこそ仏法者である。

――平3・9・21

＊

大聖人の仏法は「本有常住《ほんぬじょうじゅう》・常寂光《じょうじゃっこう》土《ど》」と説《と》く。どんな場所へ行き、どんな立場になっても、〝わかりました〟〝結構《けっこう》です〟〝私は喜《よろこ》んで戦います〟と言い切れる。その人には、だれ人もかなわない。その人こそ〝栄光の人〟〝勝利の人〟である。

――平6・2・16

心こそ大切

信心の世界でも、〝素直《すなお》な心〟ほど大切なものはない。御本尊に対する素直な心、妙法に対する素直な心、そして大聖人への素直な心――。これこそ無限《むげん》の福《ふく》徳《とく》を開きゆく源泉《げんせん》である。

――昭63・1・9

＊

野望《やぼう》、反逆《はんぎゃく》、退転《たいてん》、疑《うたが》い……。人間の心は怖《こわ》い。いわんや信心の狂《くる》いは、自《みずか》らの生命の宝器《ほうき》を破壊《はかい》する。また人々の宝器を壊《こわ》そうとする。一時の現象《げんしょう》によって、信心の心まで動揺《どうよう》させ、宝器を壊してしまった人々は、永《なが》く、成仏《じょうぶつ》への軌道《きどう》に戻《もど》れない。対照的《たいしょうてき》に、こうした折《おり》に、心動かず、いやまして強盛《ごうじょう》な信心で仏子《ぶっし》を守り、広宣流布の世界を守りきった人こそ、永遠《えいえん》に不壊《ふえ》の生命の宝器を得《え》ていける人である。

――昭63・4・10

*

「一人なれども心のつよき故《ゆえ》」（御書一二二〇ページ）――。ここに、いっさいの苦《く》難《なん》を乗《の》り越《こ》え、広布と人生を勝利に導《みちび》いていく要諦《ようてい》がある。たとえ日本国中から命《いのち》をねらわれ、あるいは誹謗《ひぼう》・中傷《ちゅうしょう》されることがあっても、妙法を持つ一人《ひとり》の強き信心の心さえあれば、必《かなら》ず打ち勝つことができる。

――昭63・6・12

*

尊《とうと》い仏子《ぶっし》である同志にかかわることは、たとえ一枚の報告書であっても、いささかたりともゆるがせにはできない。こうした深い心と心の絆《きずな》を大切にし、築《きず》いてきたのが、学会の世界である。

――昭63・11・3

*

心を打つものは、やはり心である。たとえ雄弁《ゆうべん》でなくとも、語《かた》る人の誠意《せいい》と真《ま》心《こころ》、そして感動の込《こ》められた言葉は、おのずと相手の心を動かすものである。反対に、口先《くちさき》でいかにつくろっても、心のこもっていない言葉は、決して相手の心に入っていかない。自分の心の底《そこ》から発《はっ》した真実の言葉であるかどうか。ここに、納得《なっとく》と共感の語らいを生む源泉《げんせん》がある。

――平1・1・21

＊

仏法にも信《しん》の利剣《りけん》をもって生命の根本《こんぽん》悪《あく》を断《た》ち切《き》るという考え方がある。人間生命それ自体に本源的《ほんげんてき》に備《そな》わる〝悪〟を打《う》ち破《やぶ》っていくことのできる〝心の剣《つるぎ》〟をもつ人こそ「心の王者」「生命の王者」である。人々はその生き方を、いよいよ真剣に模索《もさく》し、求めている。

――平1・4・11

＊

御本尊への絶対の確信と、ひたぶるに広布へ邁進《まいしん》する情熱――。この強き心と心の共鳴《きょうめい》が組織の第一線にまでくまなく行きわたっていくとき、広布への波動《はどう》は想像《そうぞう》を超《こ》える力《ちから》をもつ。そして、時代へ社会へと大きく広がっていく。

――平1・9・24

＊

心は不思議《ふしぎ》である。心は微妙《びみょう》である。

こちらが悪い感情をいだいていると、たいていは相手にもそれが伝わっている。こちらが笑《え》顔《がお》の思いで接《せつ》すれば、相手にも微笑《ほほえ》みの心が宿《やど》る。こちらが粘《ねば》り強く手を差《さ》し伸《の》ばせば、相手もいつしか手を差し伸ばす――相手はいわば、自分にとって鏡《かがみ》のような存在である。

――平1・11・29

*

信心には行《ゆ》き詰《づ》まりがない。かりに表面上、どのように見えたとしても、長い目で見れば、また根本的《こんぽんてき》には、もっともいい方向へ、いい方向へと、生命が〝永《えい》遠《えん》の幸福〟への軌道《きどう》に乗っていく。その意味で、御本尊を拝《はい》した学会員は、すでに最高の幸福者になっているのである。〝信心の眼〟で見、〝信心の心〟で受け止めていけば、そのことがわかってくる。また、その確信によって自身の福運《ふくうん》もいやましていく。「ただ心こそ大切なれ」（御書一一九二ページ）との御金言《ごきんげん》は、いくら強調しても、しすぎることはない。

――平2・5・3

*

相手の姿《すがた》をどう見るか。それは、そのまま自分の心を映《うつ》し出《だ》している場合が多い。たとえば、貪《むさぼ》りの心が大きければ、人の真心《まごころ》も見えない。けなげな真心も、あくなき欲望《よくぼう》の大きさのあまり、小さなものに見えてしまう。真心が足《た》りないのではない。欲が大きすぎるのである。学会は、これまで〝真心の人〟を最大に大切にしてきた。真心には、それに倍《ばい》する真心で応《こた》えてきた。これが信仰者の生き方であり、人間としての〝道〟であろう。信心の真心――その心を大切にする。そこに信頼も福運《ふくうん》も、いや増《ま》して深まり、広がっていく。

――平3・2・17

＊

人の心を打つ。感動させる。芸術だけではない。宗教も、この〝心をとらえる〟事実なくして広まらない。心から納得《なっとく》できる話と、心から安心し、信頼できる人間の絆《きずな》がなければ、支持されるわけがない。

――平3・3・9

＊

人間にとって最高にして不滅《ふめつ》の栄誉《えいよ》は心の光《ひかり》である。人を信じ、人を愛し、善《ぜん》に生きる〝美しき心〟こそ、永遠《えいえん》の勲章《くんしょう》である。

――平3・6・7

＊

いっさいの生命は平等に尊厳《そんげん》である。違《ちが》うのは、現実の境涯《きょうがい》である。心であり一念である。その違いが、自身の今世《こんぜ》、そして永遠《えいえん》の軌道《きどう》を決定していく。外見《がいけん》ではない。立場ではない。心がどうか、それこそが根本《こんぽん》である。心輝《こころかがや》けば人生も輝く。心が暗黒《あんこく》であれば、人生も暗黒である。その心を仏界《ぶっかい》という常楽我浄《じょうらくがじょう》の境涯へと広げ、固《かた》めていくのが、日々の仏《ぶつ》道修行《どうしゅぎょう》である。

――平3・6・25

＊

信心は格好《かっこう》ではない。大聖人は繰《く》り返《かえ》し「心こそ大切なれ」（御書一一九二㌻）と教えてくださっている。うわべのみ繕《つくろ》って、戦っているつもりになっているだけなのか。法のため正義のために身命《しんみょう》を捨《す》てて広布に進んでいるのか。奥底《おうてい》の一念の違《ちが》いは、必《かなら》ず結果になって表《あらわ》れる。

――平3・9・19

＊

いかに国を隔《へだ》て、離《はな》れていても、いかなる状況《じょうきょう》にあろうとも、心は通《つう》じる。〝誠実《せいじつ》の人〟には〝誠実の心〟がわかる。形や立場ではない。距離《きょり》でもない。心こそ大切なのである。そして〝友情の道〟〝文化の道〟が開けてこそ、仏法の精神が世界へと広がっていく。その意味で、学会員が地域で信頼を広げ、誠意《せいい》と真心《まごころ》で友好活動を推進《すいしん》していることこそ、広宣流布の正しき前進であると確信してほしいのである。

――平3・12・14

＊

大聖人は「心こそ大切なれ」（御書一一九二㌻）と仰《おお》せである。形式が大切とは仰せではない。心である。信心の心の微《び》妙《みょう》な違《ちが》いが、ときとともに大きな境涯《きょうがい》の差となって表《あらわ》れる。大聖人の仰せ通りに、世界広宣流布へ、大善《だいぜん》の心を重《かさ》ねる学会員は、三世《さんぜ》にわたって〝生命の長者《ちょうじゃ》〟〝福運《ふくうん》の勝者《しょうしゃ》〟〝希望の王者〟と輝《かがや》くことは、間違《まちが》いない。反対に、悪《あく》の心は、それなりの報《むく》いをもたらす。人間に生まれてくるともかぎらない。なかんずく正法《しょうほう》の世界を破壊《はかい》し、嫉妬《しっと》し、尊《とうと》き仏子《ぶっし》をいじめるような毒蛇《どくじゃ》の心は、自分自身の生命を根底《こんてい》から破壊していく。

——平4・2・20

＊

信心の心こそ無上《むじょう》の財《たから》である。そこに、宇宙《うちゅう》全体の財宝《ざいほう》も納《おさ》まっている。創価学会は、大聖人の仰《おお》せ通り、「心の財」第一で前進してきた。ゆえに大発展した。反対に大聖人に背《そむ》いて「蔵《くら》の財」「身《み》の財」のみを貪欲《どんよく》に追《お》い求《もと》め、そして溺《おぼ》れきった信心破壊《はかい》の宗門の末路《まつろ》も、御書に照《て》らして明白《めいはく》である。

——平4・3・29

＊

地涌出現《じゆしゆつげん》の地といっても、どこかよそにあるのではない。衆生《しゆじよう》の心こそ大菩薩《だいぼさつ》が涌《わ》き出《い》ずる大地なのである。ゆえに〝心こそ大切〟である。信心の心を開拓《かいたく》し、心の奥底《おうてい》から地涌の大力《だいりき》を引き出すことである。また一次元から言えば、広宣流布とは、人類の〝心の大地〟を根本《こんぽん》的《てき》に開拓することともいえよう。

——平4・4・13

＊

強くなければ、人生には勝てない。広宣流布もできない。強くなりきることこそが人間革命の姿《すがた》である。戸田先生がよく言われていた。〝体が強く、頭も強く、心も強い人間になれ〟と。この三つが、ともに強くなることが理想である。一つか、二つなら備《そな》わっている人も多いが、すべてを鍛《きた》えあげてこそ、偏頗《へんぱ》なき、堂々たる勝利の人生となる。その人は何ものにも負《ま》けない。そして、体も頭も、それを生かすのは心である。どんなに健康で頭がよく、どんなに裕福《ゆうふく》でも、心が脆弱《ぜいじやく》であっては、幸福もまた〝脆弱な幸福〟である。なかんずく信心の心こそいっさいを生かすものであり、鍛えに鍛えねばならない。すぐに、へこたれたり、グチをこぼしたりする弱き心では、生活と社会で勝ちぬけない。

——平5・2・2

*

立派《りっぱ》そうな格好《かっこう》にだまされてはならない。信心である。心である。いっさいを信心根本《こんぽん》に見ていくのが信心なのである。そうすれば法眼《ほうげん》・仏眼《ぶつげん》となり、すべて本質《ほんしつ》が見えてくる。

——平5・11・29

勝負

人も団体も、また国家も弱くてはいけない。強くなくてはならない。負《ま》ければ悲惨《ひさん》である。私は、敗北《はいぼく》の辛《つら》さ、悲《かな》しさを知悉《ちしつ》しているだけに、あらゆる苦難《くなん》と戦い、勝ってきた。そして、学会を、妙法の同志を守ってきたのである。

——昭63・4・16

*

「仏法と申すは勝負をさきとし」（御書一一六五ページ）と大聖人は仰《おお》せである。勝負すると自分で決めた時は、絶対に勝たねばならない。悪《あく》に勝つことは善《ぜん》であり、悪に負《ま》けることは悪を助長《じょちょう》させることになる。

――平1・2・2

*

信心は仏《ほとけ》と魔《ま》との戦いである。この挑《ちょう》戦《せん》と応戦《おうせん》のせめぎ合いのなかで、信心の心は、磨《みが》かれ、鍛《きた》えられていく。その戦いのなかに、かぎりなく勝利を開きゆく源泉《げんせん》がある。栄冠《えいかん》の自分史をつづりゆく原動力がある。

――平1・5・16

*

人の心は恐《おそ》ろしい。社会は残酷《ざんこく》である。権力と立場をもった人間の悪《あく》は、特に罪《つみ》が大きい。しかし、正義は絶対に負《ま》けてはならない。悪の社会であればあるほど、強くまた強く、賢明《けんめい》にさらに賢明に戦い勝たねばならない。〝仏法は勝負〟である。悪に負ける弱き善《ぜん》は、悪をはびこらせ、増長《ぞうちょう》させる。結局《けつきょく》は悪にさえ通《つう》じてしまう。

――平1・8・24

*

自分より上の人をつねに見つめながら、〝それ以上に練習しよう〟〝その何倍も勉強しよう〟――この努力に次《つ》ぐ努力が、勝負の世界の鉄則《てつそく》である。

――平1・9・30

*

〝一事《いちじ》が万事《ばんじ》〟である。勝ちゆく者と敗《やぶ》れ去《さ》る者。興隆《こうりゅう》していくものと滅《ほろ》びゆくもの。その差は、まさに瞬間《しゅんかん》の〝生命の実相《じっそう》〟にくっきりと浮《う》かび上《あ》がってしまう。それは、見る人が見ればあまりにも明瞭《めいりょう》である。いかなる時代、次元であれ、強き一念は勝利への道をかぎりなく開きゆくことができる。反対に弱い一念では、希望を生み出すことはできない。この仏法を持っていても、信心の一念が弱くては宿命転換《しゅくめいてんかん》もかなわず、深い人生を生きることはできない。

――平1・10・18

*

生きることは戦いである。人生は、自分自身との永遠《えいえん》の戦いである。負《ま》ければ〝この人生を存分《ぞんぶん》に生きた〟との喜《よろこ》びはない。〝悔《く》い〟と〝苦悩《くのう》〟と〝不幸〟を残《のこ》すだけである。信仰もまたそうである。〝仏法は勝負〟といわれるが、信心は負けてはならない。勝たねばならない。信心に負けて、退転《たいてん》していった人の哀《あわ》れな姿《すがた》、心のみすぼらしさは、皆さまもよくご存《ぞん》じのことである。いかに自己弁護《じこべんご》の非難《ひなん》をし、虚勢《きょせい》を張《は》ったとしても、心の敗北《はいぼく》、内面《ないめん》の敗北をとりつくろうことはできない。

――平2・2・7

＊

信心の実践《じっせん》で、もっとも大切なことは何か。それは勇気である。勇気には正義も幸福も同志愛も功徳《くどく》も含《ふく》まれる。〝仏法は勝負〟と説《と》かれる。一生成仏《いっしょうじょうぶつ》できるかどうか、広宣流布できるかどうか、全部、勝負である。その本質《ほんしつ》は、御書に仰《おお》せの通り、魔《ま》との戦いである。戦いは、勇気なくして勝てない。勝たなければ正義は証明《しょうめい》できない。——平2・3・18

＊

勝つためには、迅速《じんそく》が第一である。多くの場合勝負というものは、もたもたしていると取り返しがつかなくなる。そのうえで、最終の偉大《いだい》な建設には、時間がかかる。また、かかってよいのである。「ピラミッドは頂上《ちょうじょう》から作るわけにはいかない」（ロマン・ロランの言葉）ということである。千年生きてきた木が千年もつように、苦労を重《かさ》ねた分《ぶん》だけ、幸福は末永《すえなが》く続いていく。仏道修行《ぶつどうしゅぎょう》に励《はげ》んだ分だけ、福徳《ふくとく》を積《つ》むことができる。策《さく》や要《よう》領《りょう》では決してない。そういう薄《うす》っぺらな人生だけは、絶対に歩《あゆ》んではならない。

——平2・7・8

＊

人生は戦いである。人は皆、戦士《せんし》であ

る。戦人《いくさびと》として生きねばならない。それが生命の掟《おきて》である。戦いを避《さ》けることは、それ自体、敗北《はいぼく》である。しかし、戦いがつねに、華々《はなばな》しいものとはかぎらない。むしろ地味《じみ》な、孤独《こどく》な〝自分との戦い〟が、その九九《パーセント》を占《し》める。それが現実である。——平2・7・17

＊

仏法は〝勝負〟である。信心は障魔《しょうま》との〝戦い〟である。広布の途上《とじょう》には、繰《く》り返《かえ》し、卑劣《ひれつ》な中傷《ちゅうしょう》や迫害《はくがい》があることは必然《ひつぜん》である。しかし、信心で断《だん》じて勝っていかねばならない。断じて一つ一つの勝負を勝ちぬいていかなければ、まことの信心とは言えない。——平2・9・25

＊

生《せい》あるものは皆、戦っている。戦いこそ生の異名《いみょう》である。戦いなき生は、生きながらの死である。〝仏法は勝負〟であり、〝生命は勝負〟なのである。この厳《きび》しき原理は、森羅万象《しんらばんしょう》に通《つう》ずる宇宙《うちゅう》の法《ほう》則《そく》であろう。——平3・7・14

＊

信心には〝中途半端《ちゅうとはんぱ》〟はない。〝強い〟か〝弱い〟か、どちらかである。そして、仏法は〝勝負〟すなわち〝勝つ〟か〝負《ま》ける〟か、どちらかである。ならば、どこまでも徹《てっ》して「強信《ごうしん》」でありたい。そこにいっさいを開く〝急所《きゅうしょ》〟がある。その強き祈りが、「以信代慧《いしんだいえ》」（信心によって仏法の智慧《ちえ》に代《か》え、成仏《じょうぶつ》の因《いん》とすること）の法理《ほうり》によって勝利への知恵《ちえ》を生む。

――平3・8・18

＊

悪《あく》とは妥協《だきょう》してはならない。正法《しょうほう》のため、仏子《ぶっし》を守るために戦うところに、菩《ぼ》薩界《さっかい》、仏界《ぶっかい》の生命が強まっていく。ゆえに福徳《ふくとく》も、力《ちから》も、知恵《ちえ》もぐんぐんわき出る。〝仏法は勝負〟である。戦ってこそ成仏《じょうぶつ》がある。勝ってこそ大歓喜《だいかんき》の境涯《きょうがい》が開ける。

――平3・9・8

＊

〝仏法は勝負〟である。人生は闘争《とうそう》である。勝負である以上、勝利する以外にない。闘争である以上、勝たねば不幸となる。観念《かんねん》ではない。一日一日、自分らしく勝利していく。その繰《く》り返《かえ》しに、三《さん》世《ぜ》にわたる幸福と勝利の軌道《きどう》が厳然《げんぜん》と築《きず》かれていく。

――平4・1・26

＊

学会は、この末法濁世《まっぽうじょくせ》の大悪中《だいあくちゅう》の大悪と戦っている。大悪を破《やぶ》るからこそ大善《だいぜん》である。大悪と戦えば大難《だいなん》があるのは当然である。正しいからこそ難を受ける。

難を受けるからこそ成仏《じょうぶつ》できるのである。完全なる勝利をもって大善を証明《しょうめい》していく。仏法は勝負に徹《てっ》した、この大闘《だいとう》争心《そうしん》が、初代会長以来の、不変《ふへん》の学会精神である。

――平4・1・26

＊

〝仏法は勝負〟である。社会は、さまざまな困難《こんなん》に満《み》ちている。しかし、そのなかで人間が、いかに生きぬき、いかに勝利していくか。いかに乗《の》り越《こ》え、進んでいくか――ここに、仏教の根本《こんぽん》がある。現実から逃避《とうひ》したり、社会から遊離《ゆうり》した生き方を教えるものでは絶対にない。仏《ほとけ》とは〝世雄《せおう》〟とも称《しょう》されるように、一人《ひとり》の人間が、社会の指導者、勝利者と輝《かがや》くための教えが仏教である。

――平4・4・10

＊

風は走り続けている。花も一生懸命《いっしょうけんめい》、咲《さ》き続けている。自然は動いている。人生も戦いをやめてはいけない。寄《よ》せては返す波の音――というが、波には上《あ》げ潮《しお》もあれば、引き潮もある。しかし波の音は、いつもある。いつも動いている。岩にぶつかっては砕《くだ》け、また、ぶつかっては岩を少しずつ削《けず》っていく。それも波が止まらないからだ。全部、宇宙《うちゅう》の法則《ほうそく》である。戦い続けた人が勝つ。何があろうと、戦い続けたところが伸びる。〝よし、やるぞ！〟というバネがなくなったら負《ま》けである。それがあるうちは、人も団体も大丈夫である。

――平4・8・21

＊

勝って、また勝つのが仏法である。勝った時に、次に負《ま》ける原因をつくってはならない。勝った時にこそ、次もまた勝つ原因をつくるのだ。それには、勝った喜《よろこ》びを前進の力《ちから》に変え、徹底して当面の戦いをやり切ることだ。勝った勢《いきお》いを、追撃《ついげき》の勢いにして、広布の敵《てき》とは妥協《だきょう》なく戦うことだ。妥協した分《ぶん》だけ、魔《ま》は喜《よろこ》ぶ。魔を喜ばせれば、自分が罪《つみ》を得《え》ることになる。「声仏事《こえぶつじ》を為《な》す」（御書七〇八ページ）である。声を出しきって、破折《はしゃく》し、呵責《かしゃく》（責《せ》める）し、学会の正義を叫《さけ》んだ分だけ、その仏事を為した功徳《くどく》は大きい。

――平4・9・11

＊

仏法はどこまでも仏《ほとけ》と魔《ま》との戦いであり勝負である。感情論ではない。仏敵《ぶってき》と戦わなければ、その人は仏敵、戦えば仏の味方《みかた》である。中間《ちゅうかん》はない。これが御本仏の仰《おお》せである。

――平4・11・2

＊

戦うのであれば勝つ以外にない。負《ま》け

るのであれば、初めからやらないほうがいい。戦う人に功徳《くどく》はある。勝つ人に幸福はある。戦い、そして断《だん》じて勝つ一念であっていただきたい。

――平5・1・17

＊

同じ戦うならば、前向きにいかなければ、つまらない。自《みずか》ら動いて、気持ちよく戦ってこそ喜《よろこ》びもわく。勢《いきお》いもつく。〝生き生きと〟挑戦《ちょうせん》することである。〝生き生きと〟進むところに、福運《ふくうん》はついてくる。〝仏法は勝負〟〝仏法は戦い〟である。〝生き生きと〟戦う人が、最後には勝つ。「信心根本《こんぽん》」「唱題根本」で生きぬく人が、必《かなら》ず最後に勝つ。

――平5・3・24

＊

いっさいは変化、変化である。毎日、刻々《こっこく》と動いている。ゆえに変化に負《ま》けないエネルギー、変化を引《ひ》っ張《ぱ》っていくエネルギーが必要である。人生の勝負も、最後は、生命力が強いかどうかが決め手となっていく。

――平5・6・26

＊

勝負は最初の勢《いきお》いで決まる。〝初めからエネルギーを出せば息切《いきぎ》れする。だから少しずつ力《ちから》を出そう〟などと考えていては勝負にならない。相手が強豪《きょうごう》であればあるほど、最初から全力で挑《いど》んでいく――そこに勝利への突破口《とっぱこう》も開ける。そうなれば、心の余裕《よゆう》も生まれる。

――平5・6・28

＊

今、どれだけの祈りができるか。どれだけの行動ができるか。勝負は、結局《けっきょく》、自分自身との勝負である。大聖人は仰《おお》せである。「湿《しめ》れる木より火を出《いだ》し乾《かわ》ける土より水を儲《もう》けんが如《ごと》く強盛《ごうじょう》に申すなり」（御書一一三二㌻）。湿っている木からでも火を出す。乾ききった大地からでも水を出す。それが一念の力《ちから》である。妙法の力である。信心の力であり、真剣の力なのだ。一般にも、〝絶対に勝つ〟と決めたところが勝つ。その一心《いっしん》がかぎりない力を引き出す。

――平5・7・10

＊

仏法は勝負である。広宣流布は勝負である。ナポレオンも他の英雄《えいゆう》も、最後は敗《やぶ》れた。しかし、広宣流布の戦《いくさ》だけは絶対に負《ま》けるわけにはいかない。何があっても、創価学会は負けてはならない。断《だん》じて勝つ。その勝利のなかにしか栄光はない。広布の勝利にしか、人類の幸福はない。

――平5・11・29

迫害

近年の、大謗法者《だいほうぼうしゃ》等による陰謀《いんぼう》と迫害《はくがい》――この大きな危機《きき》があったがゆえに、これまでになかった学会の大きな力《ちから》が発《はっ》揮《き》できた。私も、今まで以上に新しい自分自身の力を発揮できるようになった。広布への自覚《じかく》と誇《ほこ》りに燃《も》えた地涌《じゆ》の勇者《ゆうしゃ》の活躍により、この間に、創価学会は、未曾有《みぞう》の前進と発展を遂《と》げることができた。これも、大難《だいなん》の嵐《あらし》を前進の追《お》い風《かぜ》へと転換《てんかん》しえた結果であると確信している。――昭62・7・21

＊

難《なん》があればあるほど、状況《じょうきょう》が厳《きび》しく見えれば見えるほど、大確信をもっていっさいを切り開き、悠々《ゆうゆう》と、すべてに勝利の証《あかし》を築《きず》いてきた。嵐《あらし》にも微動《びどう》だにせぬ大確信の信心にこそ、戸田先生の精神があり、真実の学会精神があるからだ。そして、この四十年間、仏法の厳しき勝負の姿《すがた》を、さまざまな人のうえに私は見てきた。その経験のうえからも、大《だい》なり小《しょう》なり、御書に仰《おお》せの通りの現証《げんしょう》が明らかである。学会員は現実に妙法を弘《ひろ》め、広布を進めておられる尊《とうと》き仏子《ぶっし》であられる。また創価学会は広宣流布のために出《しゅっ》現《げん》した仏意仏勅《ぶついぶっちょく》の団体である。だれ人たりとも、学会を迫害《はくがい》し、苦《くる》しめた罪《つみ》は、決して、その果報《かほう》を逃《のが》れることはできないのである。

——昭62・11・23

＊

仏法の深き眼で見るならば、卑《いや》しき謀《ぼう》略《りゃく》の徒の末路《まつろ》は、厳粛《げんしゅく》である。いかに人を欺《あざむ》き、陥《おとしい》れようとしても、〝汝《なんじ》自身の生命の因果《いんが》の理法《りほう》だけは、決してだませない〟のである。学会員は、いかなる法《ほう》難《なん》にあい、いかなる非難《ひなん》をあびようとも、厳《げん》たる妙法の因果を確信し、胸中《きょうちゅう》に〝太陽〟をあかあかと輝《かがや》かせながら、晴ればれと前進していきたい。

——昭62・12・4

＊

最高の仏法の広宣流布を遂行《すいこう》している学会員が受ける難《なん》や迫害《はくがい》は、人生の、そして人間としての最高に輝《かがや》く勲章《くんしょう》である。

——昭62・12・28

＊

大聖人は、佐渡《さど》でしたためられた「諸《しょ》法実相抄《ほうじっそうしょう》」に、「日蓮をこそ・にくむとも内証《ないしょう》には・いかが及《およ》ばん」（御書一三五九ページ）と仰《おお》せである。あまりにも有名な一節《いっせつ》であり、大聖人を憎《にく》み、迫害《はくがい》しようとも、御本仏としての赫々《かつかく》たる御境界《ごきようがい》は、仏敵《ぶつてき》の思いもよらぬ高《たか》みにあるとの師子吼《ししく》である。学会員は、御本仏の誉《ほま》れの門下《もんか》である。ゆえに、卑《いや》しきキツネのごとく人をごまかす者たちが何を吠《ほ》えようとも、歯牙《しが》にもかけず、堂々たる〝わが道〟を獅子王《ししおう》のごとく歩《あゆ》み通していただきたい。そこに人間としての正しい生き方の真髄《しんずい》があるからだ。

——昭63・1・9

＊

今は末法《まつぽう》という五濁悪世《ごじよくあくせ》の時代である。学会はあらゆる逆風《ぎやくふう》を乗《の》り越《こ》え、むしろ発展と前進への発条《バネ》として進んできた。そして、これからも同じ覚悟《かくご》でなければならない。何よりも護法《ごほう》と弘法《ぐほう》のため、さらに大法《だいほう》を後世《こうせい》に伝えゆくためである。

——昭63・3・21

＊

ただ願《ねが》うのは広宣流布であり、ただ望《のぞ》むのはいっそうの受難《じゆなん》である——この決《けつ》定《じよう》しきった戸田先生の信心に、学会精神の骨髄《こつずい》がある。戸田先生の弟子《でし》として、私も〝難こそ誉《ほま》れ〟〝難こそ喜《よろこ》び〟との決心で戦った。ありとあらゆる悪口《あつこう》、策《さく》謀《ぼう》、圧迫《あつぱく》に包囲《ほうい》され、集中砲火《しゆうちゆうほうか》を浴《あ》びながら、大聖人への御報恩《ごほうおん》のため、広布のために、ひとり、壮絶《そうぜつ》に戦いぬいた。これほどの永遠《えいえん》の誉れはなく、ありがたき人生の歴史もない。牧口先生以来、三代にわたった、この忍難《にんなん》の系譜《けいふ》にこそ、学会の正道《せいどう》があり、未来への源流《げんりゆう》がある。

――昭63・4・10

＊

広布の法戦《ほうせん》である以上、ただ順調《じゆんちよう》で何《なに》も障害《しようがい》がない戦いなどはありえない。妨《ぼう》害《がい》があることは必然《ひつぜん》である。どこまでもその覚悟《かくご》の信心でなければならない。山や谷があるからこそ、乗《の》り越《こ》える楽しみや喜《よろこ》びがある。苦難《くなん》の嵐《あらし》を乗り越えてこそ、信心の醍醐味《だいごみ》も知ることができる。気候にも寒暖《かんだん》があり、一日にも朝と夜があるように、すべては変化の連続である。自分自身も環境《かんきよう》も、何《なん》の変化もないなどということはありえない。いわんや広宣流布途上《とじよう》のさまざまな障害は、信心の正しさの証左《しようさ》なのである。

――昭63・7・5

＊

人生には、思いもよらぬ逆風《ぎやくふう》や烈風《れつぷう》がある。生死《しようじ》の苦海《くかい》もある。しかし、信心強き人は、何ものにも破《やぶ》られない。ゆえに何ものをも恐《おそ》れる必要はない。広布に生きる同志は、この大確信に立って自《みずか》らの使命のままに前進していけばよいのである。何ものをも怖《お》じ恐れない不屈《ふくつ》の魂《たましい》――これこそ〝学会精神〟であり、信仰者の誉《ほま》れである。

――昭63・12・25

*

正法正義《しょうほうしょうぎ》への圧迫《あっぱく》が大きければ大きいほど、それに屈《くっ》しない信念と確信の行動は、人々の心の奥深《おくふか》くを、逆《ぎゃく》に大きく揺《ゆ》り動《うご》かさずにはおかない。そして、そこにまた、仏縁《ぶつえん》が大きく結《むす》ばれていく。悪《あく》意《い》や敵意《てきい》で非難《ひなん》されることが多ければ多いほど、仏縁を結んだ人が多くなり、その繰《く》り返《かえ》しによって広宣《こうせん》のネットワークが広がっていくのである。御聖訓《ごせいくん》通り学会の法戦《ほうせん》によって、一年一年、広宣流布が進んでいく姿《すがた》に、大聖人、日興上人《にっこうしょうにん》はいかばかりかお喜《よろこ》びであろう。

――平1・2・2

*

何《なん》らかの圧迫《あっぱく》を受ける。その壁《かべ》を破《やぶ》ろうと全力で抵抗《ていこう》する。そこに生命力は増《ぞう》大《だい》する。人間としての成長も、進歩もある。その意味で、圧迫は、自身の、新しい可能性を開いてくれる。圧迫ゆえの進歩――それが生命の法則《ほうそく》である。十の圧迫の力《ちから》があれば、こちらも十以上の抵抗の力を出せばよい。百の圧迫の力があれば、百以上の知恵《ちえ》と力を発揮《はっき》して、打ち勝てばよい。人間の生命には宇宙大《うちゅうだい》の力が秘《ひ》められている。何《なに》ものにも屈《くっ》することなく、壁また壁を次々に破りながら、無限《むげん》に自己《じこ》を解放《かいほう》し、拡大していく。ここに仏法者の生き方がある。信心がある。〝生命の法則〟にのっとった、人間の生き方の本道《ほんどう》がある。ゆえに、真に強き者は、安逸《あんいつ》を嫌《きら》い、むしろすすんで圧迫の壁に向かって挑戦《ちょうせん》する。その道以外に、自身の自由も解放も革命もないことを知っているからである。

——平1・7・14

*

存在が大きければ、当然、圧迫《あっぱく》も大きい。しかし、圧迫が大きければ、より大いなる知恵《ちえ》と力《ちから》を振《ふ》りしぼって活路《かつろ》を開いていく。迫害《はくがい》の風をも、上昇《じょうしょう》への気流《きりゅう》へと変えていく。この執念《しゅうねん》、この創造的《そうぞうてき》精神をもって一生を戦いぬいた人こそ偉《い》人《じん》である。

——平1・12・9

*

広宣流布の途上《とじょう》には、当然のことながら、さまざまな妨害《ぼうがい》や中傷《ちゅうしょう》がある。だが、故意《こい》に作られた策略《さくりゃく》の批判《ひはん》は、各人の信心にとっては無関係であり、意《い》に介《かい》す必要はまったくない。もちろん、仏法の教《きょう》義《ぎ》の問題であれば、堂々と論議《ろんぎ》をし、正《せい》邪《じゃ》を決していかねばならない。たとえば〝大聖人の教義は誤《あやま》っている〟とか〝三《さん》大秘法《だいひほう》は間違《まちが》いだ〟〝大聖人の御書は論《ろん》理的《りてき》におかしい〟といった批判に対しては、真《ま》っ向《こう》から反論《はんろん》し、はっきりと勝負をつけていくべきである。しかし、ただ、創価学会を陥《おとしい》れんがための攻撃《こうげき》や、意図《いと》的《てき》な作り話、やきもちからの暴言《ぼうげん》などは歯牙《しが》にかける必要はないし、信仰とはまったく関係ないのである。

——平2・1・18

＊

うんと苦労し、迫害《はくがい》に耐《た》えぬいてこそ、初めて本物《ほんもの》の〝金《きん》〟であることが証《しょう》明《めい》される。迫害と苦闘《くとう》がないのは、また、それらに敗《やぶ》れるのは、金ではなく〝石〟である。叩《たた》かれ、裏切《うらぎ》られ、デマばかり流され、ありとあらゆる圧迫《あっぱく》を受ける。この波瀾万丈《はらんばんじょう》の人生の中で、本当に偉大《いだい》な人材は鍛《きた》え出《だ》されてくる。

——平2・12・16

＊

大聖人の御遺命《ごゆいめい》のままに、正法《しょうほう》を外護《げご》し世界に弘《ひろ》めてきたのは創価学会である。ゆえに、学会を迫害《はくがい》したり、学会員をいじめ、苦《くる》しませることは、広宣流布を妨《さまた》げ、遅《おく》らせることになる。それは、御本仏日蓮大聖人の御遺命に反《はん》するばかりでなく、大聖人のお心をも断《た》とうとすることになるのである。

――平3・2・5

＊

広布の伸展《しんてん》とともに、学会には、さまざまな非《ひ》難《なん》や中傷《ちゅうしょう》が浴《あ》びせられてきた。そのほとんどが、あたかも社会的な不正を働《はたら》いているかのように誹謗《ひぼう》したものである。そのねらいは、学会の悪いイメージを作り上げることであった。だが、いかにイメージを悪くしようとも、実体《じったい》がない。虚事《そらごと》であり、事実無根《むこん》であった。その陰《かげ》には、学会の偉大《いだい》な発展の姿《すがた》、〝喜《よろこ》びの集《つど》い〟の姿を妬《ねた》む退転者《たいてんしゃ》、背信《はいしん》者《しゃ》らの画策《かくさく》がある。いわば讒言《ざんげん》である。〝讒言による権力の迫害《はくがい》〟――。この〝構《こう》図《ず》〟さえ見破《みやぶ》っておけば、事実を尊重《そんちょう》しない、低次元な言論《げんろん》に紛動《ふんどう》されることはない。

――平3・5・17

＊

混迷《こんめい》の時代であり、悪《あ》しき社会であればあるほど、時代変革《へんかく》の〝先駆者《せんくしゃ》〟〝正義の人〟には、妬《ねた》みの風と迫害《はくがい》の策動《さくどう》が襲《おそ》いかかってくる。嵐《あらし》の大きさが偉大《いだい》さの証明《しょうめい》である。

――平3・10・20

＊

妙法ゆえの大難《だいなん》は、むしろ〝最高の誉《ほま》れ〟である。愚人《ぐにん》にほめられることこそ、最大の恥《はじ》ではないか――。これが御本仏の教えであり、永遠《えいえん》の学会精神である。

——平3・11・4

＊

学会は絶対に正しいゆえに、難《なん》を受ければ受けるほど、〝楽しい〟〝功徳《くどく》が出る〟〝張《は》り合《あ》いがある〟〝朗《ほが》らかになる〟〝団結していく〟——こんな団体は宗教史上《しじょう》にないであろう。

——平3・11・9

＊

世の中が曲《ま》がっていれば、正義の人が迫害《はくがい》されるのは当然である。迫害されないのは悪《あく》を黙認《もくにん》し、正義を曲げている証《しょう》拠《こ》とさえいえる。

——平4・3・16

＊

安穏《あんのん》でないことが、妙法を正しく行《ぎょう》じ、弘《ひろ》めていることの証明《しょうめい》である。反対に、正法《しょうほう》を持っているように見せながら、何《なん》の迫害《はくがい》もなく、安穏を貪《むさぼ》る姿《すがた》は、広宣流布に戦っていないという証拠《しょうこ》である。この道理《どうり》は、今も、またこれからも変わらない。

——平4・8・26

＊

学会が大難《だいなん》を受けている時に、それを他人事《たにんごと》としてとらえている人間には、まったく功徳《くどく》はない。偉《えら》くもない。信心もない。自分自身が難を受けているのだと決意して戦う人が、偉大《いだい》な信仰者である。たとえ二十年、牢《ろう》に入ろうが、三十年、牢につながれようが、死ぬまで信心を貫《つらぬ》き通す。その人が真の仏法者であり、大聖人直結《ちょっけつ》の革命児である。

――平4・10・21

＊

創価学会は、つねに逆境《ぎゃっきょう》に真《ま》っ向《こう》から立ち向かってきた。ゆえに大発展した。進歩への不動《ふどう》の道ができあがったのである。逆境がなく、戦いがなかったならば、決して盤石《ばんじゃく》な建設はできなかったであろう。この道は、生命発展の法則《ほうそく》であり、学会の永遠《えいえん》の軌道《きどう》である。

――平5・9・18

＊

〝行動の人〟〝正義の人〟〝先駆《せんく》の人〟に、迫害《はくがい》は、つきものである。これは歴史の示す方程式《ほうていしき》である。学会に対しても、さまざまな、いわれなき迫害がある。私は、それらを一身《いっしん》に受け、すべての矢《や》面《おもて》に立ってきた。何百万という人々を守りぬくために――。仏法を正しく行《ぎょう》ずる人に、魔《ま》が吹《ふ》き荒《あ》れるとは、大聖人の仰《おお》せである。

――平6・5・3

信心の指導

人を魅了《みりよう》するような話は、そう簡単《かんたん》にできるものではない。題目をあげぬいて、深き使命感と慈愛《じあい》の心に徹《てつ》して初めて、心を打つ指導・激励が可能となる。広宣流布への透徹《とうてつ》した責任感こそ、何より重要である。

――昭63・2・18

＊

心というものは絶《た》えず揺《ゆ》れ動《うご》いている。放《ほう》っておけば、いつしか悪道《あくどう》のほうへと引きずられていってしまう。幹部は、その心をいかに確固《かっこ》として定《さだ》め、成《じょう》仏《ぶつ》への最極《さいごく》の軌道《きどう》から外《はず》れないようにリードしていくか、ここに信心指導の精髄《せいずい》があるといってよい。

――昭63・6・19

＊

人生の転機《てんき》にあって、経験豊かな先輩の一言が、どれほど貴重《きちょう》か。また、苦《くる》しみのドン底《ぞこ》にあって、頼《たよ》れる先輩の存在ほどありがたいものはない。多くの人たちがそう痛感《つうかん》した体験があるに違《ちが》いない。また、身近《みぢか》な人の中にも、人生の苦《く》難《なん》につまずき、生命の病《やまい》に悩《なや》む人が数多くいるであろう。そのギリギリの苦悩《くのう》にいる人たちに対し、人生の先輩として、確信ある指導・激励をしていくことは、いかに尊《とうと》いことか。そのことをよくよくわきまえ、いっそうの慈愛《じあい》の実践《じつせん》に邁進《まいしん》していただきたい。

——昭63・11・11

＊

会員がかかえる問題は、つねに具体的で現実的な答えを必要としている。いくら抽象的《ちゆうしようてき》な指導をしても、それでは問題の解決とはならない。その意味で、友の苦《くる》しみをわが苦しみとし、ともに行動するなかで、心から納得《なつとく》できる指導をしていくべきである。

——平1・8・24

＊

軽度《けいど》の心の病《やまい》の人は、いよいよ増加している。そういう人には強烈《きようれつ》な激励は逆《ぎやく》効果《こうか》になる場合が多い。むしろ粘《ねば》り強《づよ》く、静《しず》かに話をよく聞いてあげ、同苦《どうく》していく包容力《ほうようりよく》がポイントとなる。たとえば何か相談《そうだん》すると、話もろくに聞かずにいつも「とにかく題目をあげればいいんだ！」では、やりきれない。たとえ真実ではあっても、相手が納得《なつとく》できなければしかたがない。〝真理《しんり》である〟ことと〝説得力《せつとくりよく》がある〟ことは違《ちが》う。その人にどう〝信心の力《ちから》〟〝唱題の力〟を確信させ、発心《ほつしん》させていくか。そこまでに至《いた》る力が指導力である。

——平1・9・15

＊

〝聞く〟〝耳を傾《かたむ》ける〟ことが、いかに大切であるか。信仰の同志に対しては真《しん》摯《し》に耳を傾け、言いたいことを聞いてあげることが、激励・指導の出発点である。ただガーガーとしゃべってばかりいて、いっこうに人の言葉を聞かない幹部は、すでにリーダーとして失格《しっかく》である。

——平1・9・24

＊

一人《ひとり》の人間の生命を揺《ゆ》さぶり、動かしながら、正しい成仏《じょうぶつ》の軌道《きどう》へと、導《みちび》いていく——これが折伏の道であり、学会の指導の本義《ほんぎ》である。

——平1・11・29

＊

指導者は一人《ひとり》一人の人生を、そして全体を勝利へと導《みちび》くのが使命である。そのために指導もある。そのポイントは、相手の一念を変えるところにある。一念が変われば祈りが変わり、行動が変わる。一念三千と説《と》かれるように、目に見えない一念の微妙《びみょう》な変化が、すべてを大きく変えていく。その転換《てんかん》をさせていくのが名指導者である。

——平3・9・23

＊

指導者は指導力がなければ指導者では

ない。リーダーはどんな状況《じょうきょう》にあっても、皆が心から納得《なっとく》し、心に張《は》りをもって進めるよう、力《ちから》をつけていかねばならない。自分が成長することである。自分が学《まな》ぶことである。尊大《そんだい》な人は、必《かなら》ず行《ゆ》き詰《づ》まる。自分を磨《みが》きぬいた人が勝つのである。

――平4・9・12

＊

指導は、言うまでもなく〝信心指導〟が根本《こんぽん》であるが、そのうえで、ただ〝信心すれば何《なん》とかなる〟と教えるのは指導ではない。相手の立場に立って、よく話を聞いてあげ、自分のわからないことは、わかる人を教えてあげたり、その人がどうすればよいのか、具体的に示してあげる必要がある。信心根本の、常識的かつ、細《こま》やかな指導――これが本当の指導である。

――平5・5・22

＊

幹部が話をする際も、〝今、皆は何を望《のぞ》んでいるのか〟〝何を聞きたいのか〟と、参加者の心が基準《きじゅん》になければならない。皆が疲《つか》れているときには温《あたた》かな励《はげ》ましを送り、新《あら》たな前進の進路《しんろ》を知りたいときは明確《めいかく》な目標、指針《ししん》を示していける、賢明《けんめい》なリーダーであってほしい。

――平5・5・22

御書根本

どこまでも真剣に御聖訓《ごせいくん》を拝《はい》し、御聖訓のままに行動していくことが、創価学会の永遠《えいえん》の規範《きはん》である。

——昭63・11・18

＊

学会員は信仰者である。信仰者である以上、「法華経の文《もん》」そして「御聖訓《ごせいくん》」に照《て》らして、どうであるのか。いっさいを、大法《だいほう》を根本《こんぽん》の基準《きじゅん》として見極《みきわ》め、正しく行動していくべきである。そこに信仰者としての〝証《あかし》〟がある。また信仰者ならではの〝誇《ほこ》り〟があり、〝喜《よろこ》び〟がある。かりにも無《む》認識《にんしき》な悪口《あっこう》などを、判《はん》断《だん》の基準《きじゅん》にしたり、いささかでも紛動《ふんどう》されることがあれば、厳《きび》しくいえば、その瞬間《しゅんかん》から、もはや正しき信仰者とはいえない。

——昭63・11・30

＊

涅槃経《ねはんきょう》には、有名な「依《え》法不《ほうふ》依《え》人《にん》」（法によって、人によらざれ）の文《もん》がある。仏法は、あくまでも法が根本《こんぽん》である。仏の教えをいっさいの規範《きはん》にしていかねばならない。それ以外の言葉は、しょせん、あてにならない。いわんや、深き〝哲学〟

も〝慈愛《じあい》〟もないエゴの人間の無責任《むせきにん》な言動《げんどう》に、振《ふ》り回《まわ》されることは、あまりにも愚《おろ》かである。移《うつ》ろいやすい人心《じんしん》に動かされていちいち右を見、左を見ているようでは、結局《けつきょく》、確《かく》たる〝自分〟がなくなってしまう。それでは最後にみじめになるのは自分自身である。

――昭63・11・30

*

御書を拝《はい》し、御書の通りに行動していけばよいのである。御書を学《まな》び、御書を信じての信心が大切である。創価学会は、これまでも、いっさい、御書の通りに前進し、純粋《じゅんすい》な広宣流布への活躍をしてきた。ゆえに迫害《はくがい》があり、発展もあった。つまり、世間《せけん》には誤解《ごかい》や無認識《むにんしき》な評《ひょう》論《ろん》も多々《たた》ある。しかし仏法者は仏法者らしく、御聖訓《ごせいくん》の通りに歩《あゆ》んでいけばよい。その行動の究極《きゅうきょく》は、最後には必《かなら》ず勝利の人生となっていくのである。

――平1・6・19

*

御書の仰《おお》せを、そのまま心から確信すれば、自身の境涯《きょうがい》は広々と開けてくる。歓喜《かんき》も出る。自信も出る。感謝の思いもわく。さらに、使命感が込《こ》み上《あ》げ、自身の無上《むじょう》の歴史をつづる原動力となる。ここに仏法の偉大《いだい》さがある。反対に、確信なくつねに他の言葉や権威《けんい》に紛動《ふんどう》されたり、また自身の傲《おご》りにとらわれている人は、自分の苦悩《くのう》の因《いん》をつくっているようなものである。自分に負《ま》けているからである。指導者は何よりもまずは、〝自分に勝つ〟人でなくてはならない。

――平2・8・2

＊

善知識《ぜんちしき》とは御書に「一向《いっこう》・師《し》にもあらず一向・弟子《でし》にもあらずある事《こと》なり」（一二〇八ジペー）――いっこうに師でもない。いっこうに弟子でもないのである――と仰《おお》せのごとく、正しき信仰への善縁《ぜんえん》を言う。しかし、師匠《ししょう》ではない。それが、あいまいになってくると、どこかに狂《くる》いが生《しょう》ずるものだ。仏法の根本《こんぽん》の師匠は日蓮大聖人であられる。ゆえに、どこまでも御書を深く拝《はい》さねばならない。教学を徹底して深めていくことである。

――平2・11・7

＊

道理《どうり》に外《はず》れた無法《むほう》を行《おこな》っている人には、道理を守っている人の方が曲《ま》がって見える。首を傾《かたむ》けて見ていて、それが真《ま》っすぐだと信じている人のようなものである。周囲《しゅうい》の人が間違《まちが》っているのではない。自分が、正しい〝基準《きじゅん》〟を失《うしな》っているのである。こういう人にだまされてはいけない。従《したが》ってはいけない。学会はどこまでも変わらない。どこまでも御本尊が根本《こんぽん》、御書が根本であり、基準である。この不変《ふへん》の軌道《きどう》を歩《あゆ》んでいけばよい。

――平3・2・17

＊

世間《せけん》の波音《なみおと》がいかに騒《さわ》がしくとも、問題ではない。根幹《こんかん》となるのは、御書に照《て》らしてどうか、経文《きょうもん》に照らしてどうかである。この確固《かっこ》とした基準《きじゅん》に立ち、いっさいを悠然《ゆうぜん》と見おろしながら、強き信心で進んでいくことである。そこに、正邪《せいじゃ》を見ぬく知恵《ちえ》がわく。悪《あく》と戦う勇気がわく。あらゆる問題を解決し、幸福を勝ち取る力《ちから》がわいてくる。この〝仏法の眼〟〝信心の眼〟を忘れ、世間の風評《ふうひょう》などに惑《まど》わされれば、結局《けっきょく》、魔《ま》に紛動《ふんどう》され、屈《くっ》服《ぷく》してしまうことになる。

――平3・5・3

＊

御書といっても広宣流布に向かいゆく信心がない者にとっては、現実には価値《かち》を生まない。御書は末法《まっぽう》の広宣流布のために遺《のこ》された御本仏の経典《きょうてん》である。

――平4・1・29

＊

大聖人は、あくまでも経文《きょうもん》中心であ

る。経文に照《て》らしてどうか。いっさいの基準《きじゅん》はそこにあった。学会もまた、末法《まっぽう》の経典《きょうてん》である御書根本《こんぽん》に進んできた。大聖人に真《ま》っすぐに連《つら》なる正道《せいどう》を歩《あゆ》みきっている。

――平4・4・17

*

学会の指導は、御書が根本《こんぽん》である。その指導通りに実践《じっせん》したときに、広宣流布は、大きく前進する。幹部は、勝手《かって》な私《し》見《けん》や、自分の感情を交《まじ》えて、学会指導を壊《こわ》してはならない。中心と、ぴったり〝心〟を合わせたときには、今の十倍の力《ちから》が出る。

――平4・8・25

*

人生において、何がすばらしいか。最高の哲学を知ること以上のすばらしさはない。強さはない。そして勉強はやはり、若いときにしておいたほうが得《とく》である。私も青年時代から地道に研鑽《けんさん》した。主《おも》な御書は暗記《あんき》するぐらい真剣であった。全部、自分のためである。教学を怠《おこた》ると、将来《しょうらい》、必《かなら》ず後悔《こうかい》する。自分も根底《こんてい》で自信がもてないし、人にも尊敬《そんけい》されない。若い人は今、学《まな》びに学んで「御書の利剣《りけん》」で、仏敵《ぶってき》のいっさいの詭弁《きべん》やウソを論破《ろんぱ》する、〝教学の勇者《ゆうしゃ》〟になってほしい。

――平4・8・29

＊

大聖人が著《あらわ》されたものを御書と呼《よ》んで尊《とうと》ばれたのは日興上人《にっこうしょうにん》である。自《みずか》ら御書を講義されるとともに、後世《こうせい》のために収《しゅう》集《しゅう》され、多くの写本《しゃほん》も残《のこ》された。御書を尊び、御書を根本《こんぽん》にするのが、日興上人門下《もんか》の基本中の基本である。魂《たましい》である。

——平4・10・24

＊

学会は、日亨上人《にちこうしょうにん》の編纂《へんさん》による御書全集を発刊して、〝剣豪《けんごう》の修行《しゅぎょう》〟のごとき厳格《げんかく》な教学の研鑽《けんさん》に励《はげ》んできた。御書根《こん》本《ぽん》こそ、日興上人《にっこうしょうにん》の正統《せいとう》の門下《もんか》としての学会の誇《ほこ》りである。

——平4・10・24

＊

リーダーは真剣に御書を拝《はい》さねばならない。自分自身の〝信心〟を深めるために。正しき〝仏法の眼〟を養《やしな》うために。また会合で話をする場合も、必《かなら》ず御書を拝するようにしてほしいと全幹部に提案《ていあん》したい。

——平5・8・13

地涌の菩薩

地涌《じゆ》の勇者《ゆうしゃ》として、この世に生《せい》を受けた私どもである。世のいわれなき非難《ひなん》を恐《おそ》れる必要はない。また、媚《こ》びへつらう必要もない。この言葉通り、堂々と自己《じこ》の使命の道を進んでいけばよいし、自分自身の誉《ほま》れの道に生ききっていけばよいのである。

——昭63・11・30

＊

「開目抄《かいもくしょう》」には、末法《まっぽう》における妙法弘《ぐ》通《つう》の使命をもった地涌《じゆ》の菩薩《ぼさつ》の姿《すがた》を「巍《ぎ》巍《ぎ》堂堂《どうどう》として尊高《そんこう》なり」（御書二一一㌻）と仰《おお》せになっている。すなわち、法華経の会座《えざ》に来集《らいしゅう》した他のいっさいの菩薩たちとはまったく比較《ひかく》にならないほど、気《け》高《だか》く堂々として、尊貴《そんき》な威厳《いげん》のあるようすであった、と。これは、地涌の上首《じょうしゅ》・上行《じょうぎょう》菩薩の再誕《さいたん》であられた大聖人の崇《すう》高《こう》な御境界《ごきょうがい》を表《あらわ》されたものと拝《はい》される。そして次元は異《こと》なるが、大聖人の門下《もんか》として広宣流布に励《はげ》む創価学会員は、皆、地涌の使命に生きる一人《ひとり》一人なのである。

——平2・8・2

＊

学会員は、御本仏・日蓮大聖人に連《つら》な

った地涌《じゆ》の門下《もんか》である。大聖人の御遺命《ごゆいめい》のままに広宣流布に走りぬいてきた信仰の勇者《ゆうしゃ》である。門下をつねに大聖人は見守ってくださっている。ゆえに、居丈高《いたけだか》な非難《ひなん》や迫害《はくがい》があったとしても、風の前の塵《ちり》のようなものである。何も恐《おそ》れる必要はない。〝ああ、面白いことだ〟と朗《ほが》らかに笑いとばしながら、獅子王《ししおう》のごとく悠然《ゆうぜん》と進んでいきたい。

――平3・1・19

＊

誇《ほこ》り――それは魂《たましい》を支《ささ》える柱《はしら》である。圧迫《あっぱく》をはね返すバネである。誇りをなくした卑屈《ひくつ》な人生は寂《さび》しい。権威《けんい》と権力の奴隷《どれい》の人生では、何《なん》のための宗教か。いわんや学会員は、大聖人の真実の門下《もんか》として、広宣流布に生きゆく勇者《ゆうしゃ》である。地から涌《わ》き出《で》た不可思議《ふかしぎ》な使命の同志である。その誇りを絶対に忘れず、晴ればれと胸《むね》を張《は》って、生きぬいていきたい。

――平3・1・23

＊

たった一人《ひとり》でも、現実に、立派《りっぱ》な正法《しょうほう》の信者をつくる人が、偉《えら》いのである。一生涯、初心《しょしん》のままに、広宣流布を進める人が本当の地涌《じゆ》の菩薩《ぼさつ》である。立場ではない。形ではない。権威《けんい》ではない。過去の功績《こうせき》でもない。焼《や》き物《もの》職人が、焼き物を作らなくなったら、もはや職人ではない。地涌の菩薩が広宣流布に励《はげ》むことをやめたら、地涌の菩薩ではないのである。

――平3・8・21

＊

一切衆生《いっさいしゅじょう》に仏種《ぶっしゅ》を植《う》えゆく、地涌《じゆ》の菩《ぼ》薩《さつ》の尊《とうと》い使命――それを事実のうえで実行し、行動し、広宣流布の法戦《ほうせん》として戦ってきたのは、まぎれもなく創価学会である。この仏勅《ぶっちょく》の団体を、だれ人も壊《こわ》すことはできない。壊させてもならない。

――平3・12・8

＊

一人《ひとり》一人が日々唱《とな》えている題目の声は、今や地球をつつむ。これだけ題目を唱え、弘《ひろ》め、広布を推進《すいしん》している学会員が地涌《じゆ》の菩薩《ぼさつ》でないとしたら、地涌の菩薩など、どこにも存在しないことになる。

――平4・4・13

＊

法華経には、地涌《じゆ》の菩薩《ぼさつ》の姿《すがた》が説《と》かれている。大地から涌《わ》き出《い》ずる菩薩――その深義《じんぎ》は、さまざまあるが、久遠《くおん》以来の本然《ほんねん》の使命をもって、自《みずか》ら民衆のなかへ躍《おど》り出《で》てきた菩薩である。表面上の権威《けんい》や形式など、何《なん》の関係もない、深い次元のことが説かれている。また現実の大地で妙法を弘《ひろ》める人こそ地涌の菩薩であり、学会員なのである。この地涌の菩薩のリーダーである四菩薩の名も、上行《じょうぎょう》・無辺行《むへんぎょう》・浄行《じょうぎょう》・安立行《あんりゅうぎょう》――。いずれも〝行〟の字が含《ふく》まれている。総《そう》じて地涌の菩薩とは〝行動者〟である。観念《かんねん》ではない。わが五体《ごたい》を使《つか》って「行動」しぬくことこそ〝地涌の証《あかし》〟である。

――平4・4・17

＊

創価学会は、地涌《じゆ》の菩薩《ぼさつ》の出現《しゅつげん》である。その行動は、事実のうえで、社会に〝動執生疑《どうしゅうしょうぎ》〟の波を広げてきた。これまでの小さなワクにとらわれた人々の心を揺《ゆ》さぶり、揺り動かしてきた。動執生疑とは、いわば、そうした変革《へんかく》の原理であり、現実社会をダイナミックに、新しい大きな地平《ちへい》へとリードしていく行動である。創価学会の運動は、法華経の通りの軌道《きどう》で進んでいる。

――平5・8・17

参考資料

中巻《収録予定》

第一部　創価の光源

［第七章］信仰の基本

信・行・学
勤行・唱題
弘教
座談会（対話）
祈り
一念
求道心
持続
善知識・悪知識
魔
難
功徳
実証
成仏
謗法
退転

［第八章］各部への指針

壮年部
婦人部
男子部（青年部）
女子部
学生部
未来部

第二部　人生の指標

［第一章］人生

生き方
自身に生きる
信念
挑戦
努力
生活即信心
実践
正義
誠実
謙虚
知恵
人間性
青年

下巻《収録予定》

第二部　人生の指標

［第一章］人　生

希　望
友　情
幸福・福運
健　康
教養・礼儀
人間関係
生と死
歓喜・喜び
苦　難

［第二章］生活・家庭

仕　事
女性の生き方
夫　婦
父親・母親
家　族
子育て・しつけ
家　庭

第三部　社会の英知

［第一章］思想・宗教

宗教と人間
慈悲の精神
生命の尊厳
人　権
人間・平等主義
法華経（大乗仏教）

［第二章］教育・文化

学　問
史　観
科学・医学
音　楽
読　書

［第三章］平和への道標

戦　争
平　和
核の廃絶
国連支援
人間外交
環境・公害・自然保護
政治・経済

池田大作（いけだ・だいさく）

昭和3年（1928年）、東京生まれ。創価学会名誉会長。創価学会インタナショナル（SGI）会長。創価大学、アメリカ創価大学、創価学園、民主音楽協会、東京富士美術館、東洋哲学研究所、戸田記念国際平和研究所などを創立。世界各国の識者と知性の対話を重ね、平和、文化、教育運動を推進。モスクワ大学、グラスゴー大学、北京大学など、世界の大学・学術機関からの名誉博士、名誉教授、世界の各都市の名誉市民の称号、国連平和賞をはじめ、「桂冠詩人」の称号など多数受賞。

著書は『人間革命』（全12巻）、『新・人間革命』（現23巻）、『私の世界交友録』など。対談集も『二十一世紀への対話』（A・トインビー）、『人間革命と人間の条件』（A・マルロー）、『二十世紀の精神の教訓』（M・ゴルバチョフ）、『地球対談　輝く女性の世紀へ』（H・ヘンダーソン）など多数。

聖教ワイド文庫――――033

希望の明日へ［上］

池田名誉会長スピーチ珠玉集

発行日　二〇〇七年十一月十八日
第九刷　二〇一二年八月五日

著者　池田大作
発行者　松岡資
発行所　聖教新聞社
〒一六〇-八〇七〇　東京都新宿区信濃町一八
電話〇三-三三五三-六一一一（大代表）

印刷・製本　大日本印刷株式会社

＊

定価はカバーに表示してあります
ISBN978-4-412-01372-8

聖教ワイド文庫発刊にあたって

一つの世紀を超え、人類は今、新しい世紀の第一歩を踏み出した。これからの百年、いや千年の未来を遠望すれば、今ここに刻まれた一歩のもつ意義は極めて大きい。

戦火に血塗られ、「戦争の世紀」と言われた二十世紀は、多くの教訓を残した。また、物質的な豊かさが人間精神を荒廃に追い込み、あるいは文明の名における環境破壊をはじめ幾多の地球的規模の難問を次々と顕在化させたのも、この二十世紀であった。いずれも人類の存続を脅かす、未曾有の危機的経験であった。言うなれば、そうした歴史の厳しい挑戦を受けて、新しい世紀は第一歩を踏み出したのである。

この新世紀の開幕の本年、人間の機関紙として不断の歩みを続けてきた聖教新聞は創刊五十周年を迎えた。そして、その発展のなかで誕生した聖教文庫は一九七一年(昭和四十六年)四月に第一冊を発行して以来三十年、東洋の英知の結晶である仏教の精神を現代に蘇らせることを主な編集方針として、二百冊を超える良書を世に送り出してきた。

そこで、こうした歴史の節目に当たり、聖教文庫は装いを一新し、聖教ワイド文庫として新出発を期すことになった。今回、新たに発行する聖教ワイド文庫は、従来の文庫本の特性をさらに生かし、より親しみやすく、より読みやすくするために、活字を大きくすることにした。

昨今、情報伝達技術の進歩には、眼を見張るものがある。「IT革命」と称されるように、それはまさに革命的変化で、大量の情報が瞬時に、それも世界同時的に発・受信が可能となった。こうした技術の進歩は、人類相互の知的欲求を満たすうえでも、今後ますます大きな意味をもってくるだろう。しかし同時に、「書物を読む」という人間の精神や人格を高める知的営為の醍醐味には計り知れないものがあり、情報伝達の手段が多様化すればするほど、その需要性は顕著に意識されてくると思われる。

聖教ワイド文庫は、そうした精神の糧となる良書を収録し、人類が直面する困難の真っ只中にあって、正しく、かつ持続的に思索し、「人間主義の世紀」の潮流を拓いていこうとする同時代人へ、勇気と希望の贈り物を提供し続けることを、永遠の事業として取り組んでいきたい。

二〇〇一年十一月

聖教新聞社

聖教ワイド文庫　既刊本

新・人間革命［1］　「旭日」「新世界」「錦秋」「慈光」「開拓者」の章

新・人間革命［2］　「先駆」「錬磨」「勇舞」「民衆の旗」の章

新・人間革命［3］　「仏法西還」「月氏」「仏陀」「平和の光」の章

新・人間革命［4］　「春風」「凱旋」「青葉」「立正安国」「大光」の章

新・人間革命［5］　「開道」「歓喜」「勝利」「獅子」の章

新・人間革命［6］　「宝土」「遠路」「加速」「波浪」「若鷲」の章

新・人間革命［7］　「文化の華」「萌芽」「早春」「操舵」の章

新・人間革命［8］　「布陣」「宝剣」「清流」「激流」の章

新・人間革命［9］　「新時代」「鳳雛」「光彩」「衆望」の章

新・人間革命［10］　「言論城」「幸風」「新航路」「桂冠」の章

新・人間革命［11］　「暁光」「開墾」「常勝」「躍進」の章

新・人間革命［12］　「新緑」「愛郷」「天舞」「栄光」の章

新・人間革命［13］　「金の橋」「北斗」「光城」「楽土」の章

新・人間革命［14］　「智勇」「使命」「烈風」「大河」の章

新・人間革命［15］　「蘇生」「創価大学」「開花」の章

新・人間革命［16］　「入魂」「対話」「羽ばたき」の章

聖教ワイド文庫　既刊本

- 新・人間革命〔17〕　「本陣」「希望」「民衆城」「緑野」の章
- 新・人間革命〔18〕　「師子吼」「師恩」「前進」「飛躍」の章
- 新・人間革命〔19〕　「虹の舞」「凱歌」「陽光」「宝塔」の章
- 新・人間革命〔20〕　「友誼の道」「懸け橋」「信義の絆」の章
- 人間革命と人間の条件　池田大作　A・マルロー
- 二十一世紀への対話〔上〕　池田大作　A・トインビー
- 二十一世紀への対話〔中〕　池田大作　A・トインビー
- 二十一世紀への対話〔下〕　池田大作　A・トインビー
- 二十世紀の精神の教訓〔上〕　池田大作　M・ゴルバチョフ
- 二十世紀の精神の教訓〔中〕　池田大作　M・ゴルバチョフ
- 二十世紀の精神の教訓〔下〕　池田大作　M・ゴルバチョフ
- 子どもの世界　青少年に贈る哲学　池田大作　A・リハーノフ
- 「平和」と「人生」と「哲学」を語る　池田大作　H・キッシンジャー
- 二十一世紀への警鐘〔上〕　池田大作　A・ペッチェイ
- 二十一世紀への警鐘〔下〕　池田大作　A・ペッチェイ
- 二十一世紀の人権を語る　池田大作　A・アタイデ